인물과 역사와 오늘

인물과 논술이 만나다!
1단계 인물이야기
2단계 그때사람은
3단계 요즘사람은

살아있는 인물 열어가는 역사

을지문덕에서 왕건까지 ❷

지은이 모난돌역사논술모임
만화 그린이 박한별

살아있는 인물 열어가는 역사
을지문덕에서 왕건까지까지 ❷

2014년 3월 10일 초판 발행
2018년 6월 15일 개정 1판 발행

지은이 모난돌역사논술모임
만화 그린이 박한별
펴낸이 김경성
펴낸곳 모난돌
주소 경기도 가평군 청평면 은행나무길 8.
전화 02)508-7550
등록 2009년 10월 27일
등록번호 제 2009-000287호
홈페이지 다음카페 '모난돌학교'

이 책을 만든 사람들
책임 편집 김하늘
표지·본문 디자인 박한별
가격 12,000원
인쇄 프린트세일

ISBN 979-11-86767-10-8
ISBN 979-11-86767-11-5 (세트)

Copyright ⓒ2010 by monandol Company All rights reserved
First edition printed 2010, printed in korea

이 도서의 국립중앙도서관 출판예정도서목록(CIP)은 서지정보유통지원시스템 홈페이지(http://seoji.nl.go.kr)와 국가자료공동목록시스템(http://www.nl.go.kr/kolisnet)에서 이용하실 수 있습니다. (CIP제어번호 : CIP2017010605)

이 책 어느 부분도 발행인과 모난돌출판사에서 제공한 승인 문서 없이 일부 또는 전부를 사진, 복사기 및 현재 알려지거나 향후 발명될 어떤 전기적, 기계적 또는 다른 수단을 통하여서라도 복사, 재생하여 이용 할 수 없음

머리말

김나옥

무엇이든지 처음은 어려운가봅니다.

　첫 번째 책이 나오기까지 참으로 긴 시간을 보내고, 수많은 글들을 썼다가 지우고 다시 쓴 끝에 1권이 빛을 보았습니다. 그렇게 첫 번째 책이 나왔을 때 설렘과 걱정이 앞섰습니다.

　첫 아이가 고등학교에 입학합니다. 설렘과 동시에 '앞으로 어떻게 고등학교 시절을 잘 보낼 수 있게 이끌어야 하는가?' 하는 걱정이 앞섭니다.

　우리 아이와 5년째 같이 역사와 지리를 공부하는 친구들과 국사 문제를 풀어보았습니다.

　역사가 무엇인지, 역사를 배우는 목적이 무엇인지를 가르치는 내용이었습니다.

　'역사를 배우는 목적과 역사를 공부하는 태도로 바람직한 것은 무엇인가?' 라는 문제가 있었습니다. 4명은 '과거의 사실을 통해 미래를 살아가는 능력을 얻고 인간적 성숙을 얻는다.'를 답으로 골랐습니다. 그런데 1명은 '시험을 잘 보기 위해서 문제에 잘 나오는 부분을 열심히 공부한다.'를 골랐습니다. 가르치던 저도 웃고 같이 공부하던 친구들도 웃었습니다. 그러나 그 답을 쓴 친구는 자기가 쓴 답이 진짜 정답이라며 힘주어 말했습니다.

　"선생님! 전, 진짜 시험 잘 보려고 역사를 배워요."

　그 녀석 말에 웃음을 멈추고 역사를 가르치는 나 자신을 돌아보게 됩니다. 처음 초등학교 때 역사를 공부할 때는 눈을 반짝거리며 즐거워하던 그 아이가 시험이라는 벽 앞에서 역사배우기를 힘겨워하는 몸짓을 느꼈습니다. 제가 큰 잘못을 저지른 것만 같아 가슴이 답답했습니다.

　그래서 그 아이에게 되물었습니다.

　"그럼 너는 시험 안 보면 역사는 안 배울 거니?"

　"사람이 살아온 이야기는 재미있지만, 역사를 자꾸 풀이하고 해석하고 암기하는 것은 힘들어요. 그냥 옛날 사람이 어떻게 살아왔는지, 왜 그렇게 살았는지 생각해보고 느끼기만 했으면 좋겠어요."

　≪살아있는 인물 열어가는 역사≫가 이런 고민을 안고 있는 아이들에게 길잡이가 될 것이라는 희망을 가져봅니다. 이 책을 읽다보면 외우고 암기하는 역사가 아니라 이야기보따리를 풀어가는 가운데 옛날 사람이 살아온 시대를 엿보고, 내가 그들이 되어서 생각해보는 시간을 가질 수 있습니다. 그러다보면 그들이 왜 그렇게 살아왔는지, 왜 그렇게 행동했는지를 이해하게도 되고, 책 속 인물과 이야기를 나누며 꿈을 키울 수 있게 될 것입니다.

김나옥

목차

21 을지문덕 09
- 인물 이야기　수나라 백만 대군을 물리친 을지문덕
- 그때 사람은　수나라는 고구려를 몇 번이나 쳐들어왔을까요?
- 요즘 사람은　무기 없는 전쟁

22 무왕과 선화공주 15
- 인물 이야기　백제를 되살리려 한 무왕
- 그때 사람은　신라 시대 최고 인기노래인 서동요
- 요즘 사람은　음악은 식물도 잘 자라게 한대요

23 선덕여왕 21
- 인물 이야기　세 가지 놀라운 이야기
- 그때 사람은　여왕이 있었던 나라
- 요즘 사람은　여자, 남자 구별 없이

24 계백과 관창 27
- 인물 이야기　황산벌에서 목숨을 바친 계백과 관창
- 그때 사람은　청소년 교육제도, 화랑도
- 요즘 사람은　우리나라 전통무예, 태권도

25 김춘추 33
- 인물 이야기　삼국통일을 시작한 김춘추
- 그때 사람은　옛날에도 외국어를 배웠을까요?
- 요즘 사람은　엄마도 고민하는 영어

살아가는 인물 열어가는 역사

26 연개소문 39
- **인물 이야기** 당당한 고구려를 만든 연개소문
- **그때 사람은** 왕을 도와 나라를 다스린 신하
- **요즘 사람은** 나라를 다스리는 사람

27 양만춘 45
- **인물 이야기** 고구려는 내가 지킨다, 양만춘
- **그때 사람은** 이기기 힘들었지만, 이긴 전쟁
- **요즘 사람은** 꿈은 이루어졌다

28 김유신 51
- **인물 이야기** 통일전쟁을 이끈 김유신
- **그때 사람은** 백성이 고통 받은 전쟁
- **요즘 사람은** 지금도 끝나지 않은 전쟁

29 문무왕 57
- **인물 이야기** 바다 용이 된 문무왕
- **그때 사람은** 신라는 어떻게 삼국을 통일했나?
- **요즘 사람은** 남과 북이 통일된다면

30 의상과 원효 63
- **인물 이야기** 신라 불교를 발전시킨 두 승려
- **그때 사람은** 소승불교와 대승불교
- **요즘 사람은** 우리나라에 있는 여러 종교

목차

31 대조영 69
- **인물 이야기** 옛 고구려 땅에 발해를 세운 대조영
- **그때 사람은** 발해는 고구려를 이은 나라
- **요즘 사람은** 발해를 자기 나라 역사라고 우기는 중국

32 고선지 75
- **인물 이야기** 비단길을 열어라
- **그때 사람은** 동양문화와 서양문화를 만나게 해준 전쟁
- **요즘 사람은** 미국문화가 들어 온 한국전쟁

33 아사달 아사녀 81
- **인물 이야기** 석가탑에 얽힌 전설
- **그때 사람은** 탑을 만드는 재료가 나라마다 달라요
- **요즘 사람은** 요즘 사람이 만든 탑과 건축물

34 혜초 87
- **인물 이야기** 혜초, 부처님 가르침을 찾아 인도로 가다
- **그때 사람은** 왕 오 천축국전은 어떤 책일까?
- **요즘 사람은** 외국에 있는 우리 문화재

35 장보고 93
- **인물 이야기** 해상왕 장보고
- **그때 사람은** 삼국 시대와 통일신라 시대 무역
- **요즘 사람은** 나라끼리 하는 무역

살아가는 인물 열어가는 역사

36 최치원 99
- 인물 이야기 황소를 놀라게 한 최치원
- 그때 사람은 신라 때에도 유학을 갔어요
- 요즘 사람은 엄마 나도 유학 보내주세요

37 마의태자 105
- 인물 이야기 금강산에 들어간 마의태자
- 그때 사람은 사치로 멸망한 신라
- 요즘 사람은 명품 좋아하는 어른

38 궁예 111
- 인물 이야기 모두가 평등한 세상을 세우려고 한 궁예
- 그때 사람은 열심히 일을 해도 먹고 살 수가 없다
- 요즘 사람은 빚더미에 올라 앉은 사람

39 견훤 117
- 인물 이야기 후백제를 세운 견훤
- 그때 사람은 권력을 차지하기 위해 서로 다투어요
- 요즘 사람은 재산을 차지하기 위해 서로 다투어요

40 왕건 123
- 인물 이야기 후삼국을 통일한 왕건
- 그때 사람은 왕건은 원래 성이 왕씨인가요?
- 요즘 사람은 새롭게 생겨나는 귀화성씨

일러두기

이 책으로 공부하는 법

이 책은 역사 속에 나오는 인물을 통해서 역사와 논술을 배우도록 만들었습니다. 이 책을 꾸준히 읽으면 옛날 사람이 사는 모습을 통해서 그 시대도 알 수 있게 될 것입니다.

1단계 소리 내서 읽기

책 읽기는 내용을 알 수 있다는 목적 말고도 좋은 보기글을 보는 기회가 되기도 합니다. 책을 꼼꼼하게 소리 내서 읽으면 내용도 자연스럽게 마음에 남게 되고, 글을 쓸 때 자기도 모르게 좋은 문장이 만들어진답니다.
소리내서 또박또박 읽어보세요. 역사에도 밝아지고 쓰는 힘도 커질 것입니다.

2단계 내용 되새김하기

어떤 책이라도 읽고 나면 감동이나 기쁨, 또는 분노나 슬픔처럼 마음에 느낌이 남습니다. 그 느낌을 잘 다듬으면 살아가는 마음가짐도 잘 다듬어집니다.
이 책도 읽을 때마다 자기 느낌을 되새겨 보고 정리해 보세요. '나였으면 이때 어떻게 했을까?' 라던가, '이렇게 한 것은 참 잘한 것 같아.'라는 식으로 읽은 내용을 되새겨보세요.
단계마다에 주어지는 문제도 생각해서 쓰면 됩니다.

3단계 쓰기로 마무리하기

'구슬이 서 말이라도 꿰어야 보배'라는 말이 있습니다. 옛날에 살았던 인물과 그때 사람이 어떻게 살았는지도 알았고, 요즘 사람이 어떻게 살고 있는지도 알았다면 글쓰기로 마무리를 지어 보세요.
별도로 구성된 공부책인 '따라공부'에서는 단원마다 글자와 문장이 어떻게 구성되는지 표현이나 느낌을 어떻게 글로 쓰는지 배우고, '일년공부'에서는 책 내용을 알고 생각을 펼쳐 볼 수 있습니다.

공부하다가 궁금한 것이 있으면 다음카페 '모난돌학교'에 질문을 남겨주세요.
모난돌 선생님이 친절하게 답해 줄 것입니다.

21

수나라 백만 대군을 물리친

을지문덕
(나고 죽은 때 모름, 고구려 시대 장군)

역사 연대기

589년 수나라가 중국을 통일함
598년 수나라가 문제가 고구려로 쳐들어옴
612년 고구려가 살수대첩에서 승리함

학습목표

1. 을지문덕이 한 일을 알 수 있다.
2. 수나라가 고구려를 침략해 온 과정을 알 수 있다.
3. 고구려가 수, 당나라를 물리친 역사를 알 수 있다.
4. 무기 없는 전쟁에 대해 알 수 있다.

인물 이야기

수나라 백만 대군을 물리친 을지문덕

동맹은 고구려 사람이 해마다 가을에 여는 축제입니다. 한 해 동안 농사가 잘 되었다는 것을 감사하는 마음으로 하늘에 제사도 지내고 무술대회도 열었습니다.

을지문덕은 열한 살 때 동맹축제에 나가 활쏘기와 말 타기에서 모두 1등을 했습니다. 1등에게는 벼슬을 내려주었습니다. 그런데 을지문덕은 벼슬 대신에 임금님을 뵙고 싶다고 했습니다. 을지문덕을 만난 임금님은,

"무술을 더욱 갈고 닦아서 고구려를 이끌 훌륭한 장수가 되어라."

당부했습니다.

그 다음 해에 을지문덕은 우경대사를 찾아갔습니다. 10년 동안 우경대사에게 무술을 배우면서 용기, 지혜, 어짊, 믿음, 충성 등을 배우고 깨우쳤습니다.

스물두 살이 된 을지문덕은 또 무술대회에 나갔습니다. 그때도 1등을 차지해 장수가 되었습니다.

얼마 뒤 수나라가 고구려로 쳐들어온다는 소식이 들려왔습니다. 고구려 영양왕은 급히 회의를 열었습니다. 한 신하가,

"싸움은 힘이 서로 비슷해야만 할 수 있습니다. 백만 명도 넘는 수나라 군사와 맞서 싸우기에는 우리 군사가 턱없이 부족합니다."

항복하자고 했습니다.

을지문덕이 벌떡 일어나며 말했습니다.

"예로부터 이웃나라가 우리 고구려를 침략한 일이 많았지만, 정복을 당한 일은 없었습니다. 죽기를 각오하고 싸운다면 나라를 지킬 수 있을 것입니다."

항복을 주장한 신하는 부끄러워 고개를 들지 못했습니다. 영양왕은 을지문덕을 대장군으로 임명해서 모든 책임을 맡겼습니다.

백만 명이 넘는 군대를 이끌고 쳐들어온 수나라 임금인 양제는 요동성을 함락시키지 못하자, 별동대 30만 명을 뽑아 평양성으로 보냈습니다.

살아가는 인물 열어가는 역사

　을지문덕은 군사에게 하루에 일곱 번 싸우면 일곱 번 지면서 후퇴만 하라고 명령했습니다. 고구려군이 지는 척하면서 살수를 건너자, 수나라군도 뒤쫓아 건넜습니다.
　수나라군을 평양성에서 30리 밖에 떨어지지 않은 곳까지 끌어들인 을지문덕은 항복을 하겠다며 찾아갔습니다. 수나라장군 우중문은,
　"정말 잘 생각했소. 우리 같은 큰 나라와 싸워 보았자 손해만 볼 것이오."
라고 하며 을지문덕을 돌려보내주었습니다. 수나라 군대를 살펴보고 돌아온 을지문덕은 우중문에게 시를 지어 보냈습니다.

　　　神策究天文(신책구천문)-그대가 세우는 전략은 하늘 이치를 깨달은 듯 신기하고
　　　妙算窮地理(묘산궁지리)-그대가 세우는 전술은 땅 이치를 모두 아는 듯 기묘하네.
　　　戰勝功旣高(전승공기고)-이미 전쟁에 이겨서 공이 높으니
　　　知足願云止(지족원운지)-이제 만족하게 생각하고 그만두는 것이 어떤가.

　그때서야 우중문은 을지문덕이 수나라 군사를 지치게 만들려고 거짓으로 지는 척 한 것을 깨달았습니다. 속았다는 것을 깨달은 우중문은 급히 후퇴하라고 명령했습니다.
　허겁지겁 도망치던 수나라 군사가 살수를 건너고 있을 때 갑자기,
　"둑을 무너뜨려라!"
　소리가 들렸습니다. 그러자 강 위쪽에서 엄청나게 많은 물이 쏟아져 내려왔습니다. 을지문덕이 강을 막아 모아두었던 물을 한꺼번에 흘려보낸 것입니다. 수나라 군사는 거친 물살에 휩쓸려 떠내려가고 말았습니다. 가까스로 강을 건넌 군사도 살수 언덕에 숨어있던 고구려군에게 목숨을 잃었습니다. 별동대 30만 명 가운데 수나라로 살아 돌아간 사람은 겨우 2천 7백 명 정도 밖에 되지 않았습니다.

살수대첩 모형-독립기념관

1. 을지문덕은 살수에서 어떤 방법으로 수나라 군대를 물리쳤나요?

수나라는 고구려를 몇 번이나 쳐들어왔을까요?

고구려 평원왕 때 수나라는 오랫동안 갈라져 있던 중국을 통일했습니다. 고구려는 수나라를 살펴, 경계를 게을리 하지 않았습니다. 평원왕이 죽고 맏아들인 영양왕이 왕위에 오르자, 국방을 더욱 튼튼히 했습니다. 수나라는 10년 동안 나라를 안정시킨 다음, 고구려 영토인 요동 땅을 빼앗기 위해 군사를 길렀습니다. 그것을 눈치 챈 영양왕이 먼저 요서를 공격했습니다.

수나라 임금인 문제는 고구려에 복수하기 위해 30만 명을 바다와 땅으로 보냈습니다. 그러나 장마철이라 강물이 불어나고 전염병이 돌아서 싸움도 하기 전에 군사가 지쳐버렸습니다. 이때를 놓치지 않고 고구려군이 기습 공격하자 패하고 말았습니다. 바다를 건너 온 수나라 수군도 풍랑을 만나서 배가 부서지는 바람에 많은 군사가 죽었습니다. 간신히 육지에 도착했으나 육군처럼 전염병이 돌아서 제대로 싸워 보지도 못하고 되돌아가야 했습니다.

문제가 죽고 뒤를 이은 양제는 아버지가 한 실패를 되풀이하지 않기 위해 충분한 식량과 무기를 갖추어 113만 명이나 되는 군사를 이끌고 쳐들어왔습니다. 2월에 시작해 4개월 동안 공격을 했지만, 요동성을 함락시키지 못해서 발이 묶이고 말았습니다.

양제는 단념하지 않고 우문술과 우중문에게 30만 명을 주어 평양성을 공격하게 했습니다. 그러나 살수에서 을지문덕장군에게 패하고 말았습니다.

수나라 양제는 613년에 다시 고구려로 쳐들어왔습니다. 여러 가지 최첨단 무기를 가지고 총공격했습니다. 커다란 쇠망치로 성벽과 성문을 부수는 '당차', 당차와 비슷하지만, 큰 통나무를 매

달아 성문을 부수는 '충차', 사다리를 펼쳐 성벽을 오를 수 있는 '운제' 같은 무기였습니다.

수나라군이 첨단 무기로 성벽을 무너뜨리면 고구려군은 있는 힘을 다해 무너진 곳을 막으며 싸웠습니다. 그런데 수나라에서 전쟁터로 식량과 무기를 보내 주던 양현감이 반란을 일으켰습니다. 양제는 할 수 없이 공격을 멈추고 돌아갔습니다.

다음 해에 또다시 수나라는 고구려 정벌에 나섰습니다. 양제는 요하를 넘지 않고 내호아가 이끄는 수군을 요동반도에 상륙시켰습니다. 바닷가에 있는 비사성을 함락시키고, 곧바로 대동강을 거슬러 평양성을 향해 쳐들어갔습니다.

고구려 영양왕은 백성이 고통 받지 않도록 양제에게 거짓으로 항복했습니다. 해마다 거듭되는 전쟁으로 불안과 공포에 떨고, 쳐들어온 적과 싸워야 해서 많은 피해를 입었기 때문입니다. 양제는 영양왕에게 수나라로 와서 자기에게 절하라고 요구했습니다. 그러나 영양왕은 끝내 가지 않았습니다.

수나라는 무리한 운하공사와 전쟁으로 힘이 약해졌습니다. 전쟁으로 고통 받는 백성이 여러 곳에서 반란을 일으켰습니다. 618년에 양제는 부하에게 죽임을 당했고, 수나라도 망하고 말았습니다.

〈당차〉　　　　　　　〈충차〉　　　　　　　〈운제〉

탐구하기

1. 수나라는 고구려에 몇 번이나 쳐들어왔나요?

2. 수나라가 멸망한 까닭은 무엇인가요?

요즘 사람은

무기 없는 전쟁

▶ 옛날에는 총칼로 영토를 빼앗는 전쟁을 많이 했습니다. 전쟁에서 이기면 영토만 빼앗는 것이 아니라 그 땅에서 나는 곡식을 차지할 수 있었고, 백성도 많아져 나라 힘이 강해졌습니다. 하지만 지금은 총칼로 싸우지 않는 전쟁도 많이 일어납니다. 어떤 전쟁인지 알아봅시다.

옛날에는 무기를 든 군사가 서로 싸우는 전쟁이었지만, 요즘은 무기도 없고 군대도 없는 전쟁이 많이 일어납니다.

첫 번째는 자기 나라 물건을 다른 나라에 더 많이 팔기 위한 무역전쟁입니다. 나라마다 자기 나라에서 만들고 있는 공산품이나 농산물을 외국에 많이 팔려고 하면서도 자기 나라가 만들 수 있는 물건은 외국에서 사오지 않으려고 합니다. 그래서 나라끼리 다툼이 생깁니다. 이런 다툼을 조정하려고 세계무역기구(WTO)를 만들었습니다.

두 번째는 서로 자기 나라에 유리하도록 역사를 쓰는 역사전쟁입니다. 우리나라는 중국, 일본과 서로 역사를 왜곡했다며 다투고 있습니다. 일본은 우리나라를 침략해서 강제로 점령한 기간 동안 일어난 일에 대해 사과하지 않고 있습니다. 또 우리나라가 일본에 전해준 문화를 우리에게 전해주었다고 우깁니다. 독도도 자기 땅이라고 우깁니다. 중국은 우리 민족이 세운 고구려와 발해를 자기 나라 역사라고 주장합니다.

고구려와 발해는 우리 민족이 세운 우리나라인데, 중국은 고구려와 발해를 세운 민족을 중국 소수민족이라며 우리 역사로 보지 않고 중국 역사라고 주장합니다.

생각하기

1. 역사전쟁이 일어나는 까닭은 무엇일까요?

22 무왕과 선화공주

(무왕-태어난 때 모름~641년, 백제 30대 임금
/선화공주-나고 죽은 때 모름, 백제 무왕비)

🔊 역사 연대기

600년 백제 무왕이 왕위에 오름
612년 고구려가 살수에서 수나라군을 크게 물리침
624년 고구려가 도교를 받아들임

🔊 학습목표

1. 무왕과 선화공주가 결혼하게 된 과정을 알 수 있다.
2. 서동요에 대해서 알 수 있다.
3. 음악이 식물에게 주는 영향을 알 수 있다.

인물 이야기

백제를 되살리려 한 무왕

　백제 30대 임금인 무왕은 이름이 장이었습니다. 마를 캐다가 파는 아이라고 해서 '마동' 또는 '서동'이라고 불렸습니다. 서동은 신라 진평왕 셋째 딸인 선화공주가 아름답다는 소문을 듣고 서라벌로 갔습니다. 동네 아이들에게 마를 나누어주면서 '선화공주님은 남몰래 시집 가 서동 도련님을 밤에 몰래 만나러 간다네.'라는 노래를 부르게 했습니다.

　노래는 퍼지고 퍼져, 궁궐에 사는 임금에게까지 알려지게 되었습니다. 노래를 들은 신하마다 임금에게 선화공주를 먼 곳으로 귀양 보내라고 했습니다. 가엾게 여긴 왕비는 선화공주에게 순금 한 말을 주었습니다.

　선화공주가 궁에서 쫓겨나 귀양을 가는데, 서동이 갑자기 나타나 호위를 해주겠다고 했습니다. 선화공주는 서동이 어떤 사람인지는 몰랐지만, 믿음직스러워 따라오는 것을 허락했습니다.

　길을 가는 동안 선화공주는 자기가 쫓겨나도록

무왕이 선화공주를 위해 만든 궁남지-충남 부여

만든 노래를 지어 부른 사람이라는 것을 알게 되었습니다. 하지만 서동을 미워하지 않고 하늘이 내려준 인연이라 여겨서 같이 살기로 했습니다.

　선화공주가 가지고 온 금을 내놓으며,

"이것으로 한 평생 부자로 살 수 있어요."
라고 하자, 서동은 별로 놀라지도 않으며,
"내가 어릴 적부터 마를 캐던 곳에는 이런 것이 산더미처럼 쌓여 있소."
라며 산으로 데리고 갔습니다.

　그 곳에는 엄청나게 많은 금덩어리가 있었습니다. 서동은 그 금을 선화공주 부모님이 있는 신라 궁궐에 선물로 보내자고 했습니다.

선화공주도 그러자고 했습니다. 서동은 신통력이 있는 지명법사에게 부탁해 하룻밤 사이에 금을 신라 궁궐로 날라주었습니다. 진평왕은 서동을 대단하게 여기고 좋아하게 되었습니다. 그래서 진평왕은 서동을 사위로 여기고는 편지도 보내고 잘 지내는지 걱정도 해주었습니다.

그러자 백제 사람도 서동을 좋아하게 되었습니다. 나중에는 백제 임금인 무왕이 되었습니다.

하지만 임금이 된 서동이 평화롭게 지내려고 해도, 전쟁을 하려는 귀족이 많아서 백제는 신라

무왕이 익산으로 천도하기 위해 세운 왕궁터-전북 익산

와 전쟁이 끊이지 않았습니다. 고구려와도 싸워야 했습니다. 귀족이 임금보다 더 힘이 강해서 나라 안팎으로 어려움이 많았습니다.

무왕은 백제를 다시 힘이 센 나라로 만들려고 노력했습니다. 고구려를 막으려고 수나라, 당나라와 친하게 지냈습니다.

사비성을 더욱 크게 고쳐 짓고, 자기를 따르는 사람이 많은 익산으로 수도를 옮기려고도 했습니다. 또 익산에 백제에서 가장 큰 절인 미륵사를 지었습니다. 무왕이 했던 많은 노력 덕분에 다시 백제가 힘을 얻게 되었습니다.

1. 무왕을 서동이라고 부른 까닭은 무엇인가요?

2. 선화공주는 어느 나라 사람인가요?

그때 사람은

신라 시대 최고 인기노래인 서동요

제목 : 신나는 노래

날씨: 짚신을 막 꼬아 놓은 것처럼 구름이 꼬인 날씨

"마가 왔어요. 몸에 좋은 마가 왔어요. 마 사세요."

골목을 누비며 소리치는 마장수 목소리에 후다닥 신발을 신고 밖으로 나갔다. 며칠 전부터 기다리고 있던 마장수가 드디어 우리 마을에 온 것이다. 건너 마을 아이가 마장수에게 공짜로 마도 받고 노래도 배웠다고 자랑을 해서 부러워하고 있던 참이었다.

"마장수 아저씨!!"

벌써 많은 아이가 마장수 뒤를 졸졸 따라다니고 있었다. 나도 얼른 그 무리에 끼었다. 마장수가 뒤돌아보더니 마를 하나씩 나눠주었다.

나도 손을 내밀었더니 아저씨가 통통하게 생긴 마를 하나 주었다. 여러 아이가 자기 마가 더 크다고 자랑하면서 즐거워했다.

마장수는 우리를 보고 웃으면서 노래를 가르쳐 주겠다고 했다.

우리는 모두 신나서,

"빨리 가르쳐 주세요"

소리쳤다. 내 옆에 서 있던 아이는 자기는 벌써 노래를 안다고 잘난 척을 했다.

살아가는 인물 열어가는 역사

　마장수가 부르면 우리도 그대로 따라 부르면서 몇 번을 되풀이했더니 금세 외워졌다. 집에 돌아와서 엄마에게 마장수 이야기를 하며 노래를 불렀더니 아빠, 엄마, 형과 누나도 노래가 재미있다고 금세 따라 했다. 내일 다른 아이에게도 이 노래를 가르쳐 줘야지.

　서동요는 지금으로부터 1400년 전 신라에서 부른 노래입니다. 서동요는 '서동이 부른 노래'라는 뜻이며, 삼국 시대 역사를 적은 ≪삼국유사≫에 적혀 있습니다.

　신라 사람이 부른 노래를 향가라고 합니다. 서동요는 우리나라에서 가장 오래된 향가입니다. 신라 시대에는 우리말로 노래를 부를 수는 있었지만, 우리나라 글자가 없었습니다. 그래서 노래를 적을 때 한자 소리와 뜻을 빌려서 썼습니다. 이런 방법으로 우리말을 쓴 문자를 향찰이라고 합니다. 그러므로 향가는 향찰로 표현한 신라 시대 노래를 말하는 것입니다.

　이렇게 한자로 표현할 수 있었던 것은 중국으로부터 한자를 받아들였기 때문입니다. 그러나 향찰로 우리말을 표현했다는 것은 중국으로부터 문화를 받아들이면서도 그대로 따르지 않고 우리 고유문화를 만들려고 했습니다.

　향가는 통일 신라 시대에 우리나라에 널리 퍼졌다가 고려 시대에 점점 없어졌습니다. 지금 전해지고 있는 신라 시대 향가는 ≪삼국유사≫에 실린 14편이 전부이지만, 실제로는 훨씬 많았을 것입니다.

〈서동요를 향찰로 표기한 것과 현대말로 푼 것〉

善化公主主隱 (선화공주주은)　　　－ 선화 공주님은
他密只嫁良置古 (타밀지가량치고)　　－ 남 몰래 시집 가
薯童房乙 (서동방을)　　　　　　　　－ 서동 도련님을
夜矣卯乙抱遺去如 (야의묘을포유거여)　－ 밤에 몰래 만나러 간다네

탐구하기

1. 신라에서 부르던 노래를 무엇이라고 하나요?

2. 신라 시대 노래를 글자로 적을 때 썼던 방법은 무엇이었나요?

요즘 사람은

제목: 음악은 식물도 잘 자라게 한대요.
날씨: 해님이 나랑 놀자고 손짓하는 날

▶ 서동이 선화공주를 좋아해 노래를 지어 불러 선화공주 마음을 얻은 것처럼 음악은 사람에게 뿐만 아니라 식물에게도 많은 영향을 줄 수 있습니다. 음악이 식물에게 끼치는 영향에 대해 생각해 봅시다.

　내가 좋아하는 과학관에 가는 날이다. 영양만점 간식을 엄마가 챙기는 동안 나는 파란색 수첩과 연필을 가방에 넣었다. 운 좋게도 전철에 빈 자리가 있어서 엄마랑 나란히 앉아 사이좋게 이어폰을 하나씩 귀에 꽂고 음악을 들으면서 갈 수 있었다.

　이번 주 공부할 주제는 '식물은 어떤 음악을 좋아할까?'였다.

　식물은 음악을 들으면 더 잘 자란다고 선생님이 말씀하셨다. 해충을 막는 물질이 생겨서 병에 강해지고, 더 예쁘게 자라며 열매도 더 달다고 하셨다. 선생님 말씀에 고개를 끄덕이긴 했지만, 식물이 음악을 듣는다는 것이 믿어지지 않았다. 지난 시간에 현미경과 돋보기로 열심히 식물을 관찰했지만, 귀 같은 것은 발견하지 못했기 때문이었다.

　선생님께서는 식물은 우리처럼 귀가 아니라, 온몸으로 음악을 듣기 때문에 음악을 들려주고 식물 속에 있는 전류를 재보면 식물이 음악을 좋아하는지 알 수 있다고 하셨다.

　"모내기를 하고나서 신나게 사물놀이를 하거나 벼이삭이 날 때쯤 들판을 돌면서 농악을 울리면 곡식도 많이 나고 해충도 덜 생겼다고 외할아버지에게 들은 기억이 나."

　엄마가 내 귀에 대고 속삭였다.

　신기한 것은 식물도 모든 음악을 좋아하는 것이 아니라, 싫어하는 음악도 있다는 사실이다. 호박은 바흐음악과 같은 클래식을 좋아하지만 록음악은 싫어하고, 콩나물은 헤비메탈 같은 시끄러운 음악을 틀어주면 머리가 다 갈라져버리고, 무도 뿌리가 썩어버린다고 했다. 콩나물 머리가 괴로워하며 마구 갈라지는 모습을 상상하니 킥킥 웃음이 나왔다. 하긴 나도 형이 만날 듣는 시끄러운 음악을 들으면 꽥꽥 질러대는 소리 때문에 머리가 분해되는 것 같으니까.

　음악은 정말 해리포터 같은 마법사인가보다. 사람도 음악을 들으면 기분이 좋아지는데 식물도 기분이 좋아지다니. 심지어 엄마는 내가 뱃속에 있을 때도 매일 클래식 음악을 들었다고 했다. 그래야 머리가 좋고 건강한 아이가 나온다고 했단다.

1. 식물에게 좋아하는 음악을 들려주면 어떤 변화가 생기나요?

23

지혜로운
선덕여왕

(태어난 때 모름~647년, 신라 27대 임금)

🔊 역사 연대기

631년 고구려가 천리장성을 쌓음
642년 연개소문이 권력을 갖게 됨
645년 고구려가 안시성에서 당나라를 물리침
647년 신라에서 비담이 난을 일으킴

🔊 학습목표

1. 선덕여왕에 대해 알 수 있다.
2. 신라에만 여왕이 있었던 까닭을 알 수 있다.
3. 남녀 차별에 대해 생각할 수 있다.

인물 이야기

세 가지 놀라운 이야기

신라 진평왕이 세상을 떠나자, 큰 딸인 덕만공주가 뒤를 이어 왕위에 올랐습니다. 바로 선덕여왕입니다. 선덕여왕은 마음이 넓고, 생각이 깊어서 백성이 모두 우러러 보았습니다.

선덕여왕이 나라를 다스리는 16년 동안 세 가지 놀라운 일이 있었습니다.

어느 날, 중국 당나라 태종 임금이 선물을 보내 왔습니다. 아름다운 모란꽃 그림과 꽃씨였습니다. 그림을 본 선덕여왕은,

"이 꽃은 향기가 없을 것이오."

라고 했습니다. 꽃씨를 궁궐 뜰에 심자, 꽃이 피었는데, 정말 꽃에서 아무런 향기도 나지 않았습니다. 신하가 모두 놀라서 물었습니다.

"어떻게 이 꽃에 향기가 없음을 아셨습니까?"

선덕여왕은 빙그레 웃으며 대답했습니다.

"향기가 있다면 나비가 날아드는데, 그림에는 나비가 한 마리도 보이지 않았소."

모두 지혜로운 선덕여왕에게 감탄했습니다.

첨성대-경북 경주

또 어느 날 영묘사라는 절에 있는 옥문지 연못에서 이상한 일이 일어났습니다. 추운 겨울인데도 개구리가 모여서 며칠 동안 쉬지 않고 울어댔습니다. 혹시 나쁜 일이 일어나려는 것은 아닐까 하고 백성은 불안해했습니다. 이야기를 전해 들은 선덕여왕은 장군 두 명을 불렀습니다.

"날쌘 군사 이천 명을 이끌고 서라벌 서쪽에 있는 여근곡 골짜기로 가 보시오. 틀림없이 적군이 숨어 있을 것이오."

여근곡에는 선덕여왕이 말한 대로 백제 군사 5백여 명이 숨어 있었습니다. 신라군은 일제히 공격해 모두 물리쳤습니다. 두 장군이 선덕여왕에게 물었습니다.

"어떻게 백제 군사가 숨어 있는 것을 아셨습니까?"

"개구리가 성 내는 모습이 마치 적군이 쳐들어오는 것처럼 보이지요? 옥문지라는 연못 이름은 흰색을 뜻하며 흰색은 서쪽을 뜻합니다. 그러니 적군이 서쪽에 있다는 것 아니겠소."

여러 신하는 다시 한 번 감탄했습니다.

평화롭고 발전하는 나라를 만들기 위해 선덕여왕은 백제에서 기술자인 아비지를 불러와 황룡사에 9층 목탑을 세웠습니다. 그리고 하늘이 움직이는 것을 잘 알아야 백성이 농사를 잘 지어서 편하게 살 수 있다는 것을 깨닫고 별을 살펴 볼 수 있는 천문대인 첨성대를 만들었습니다.

선덕여왕이 나라를 잘 다스린 덕분에 신라는 평화로운 세월을 보냈습니다.

그러던 어느 날 선덕여왕이,

"나는 어느 달, 어느 날에 죽을 것이오. 내가 죽거든 도리천 속에 묻어 주시오."

건강한 선덕여왕이 갑자기 죽음에 대한 이야기를 꺼내자 모두 놀랐습니다. 또한 도리천이 어디인지, 어떻게 무덤을 만들 수 있는지 어리둥절했습니다. 도리천은 불교에서 말하는 부처님 세계입니다.

한 신하가 물었습니다.

"도리천은 어디를 말씀하시는 것입니까?"

선덕여왕은 가만히 웃으며 대답했습니다.

"도리천은 바로 낭산 남쪽이오. 그곳에 내 무덤을 만들어 주시오."

얼마 안 있어 선덕여왕은 자신이 이야기했던 바로 그날 세상을 떠났습니다. 유언에 따라 낭산 남쪽 양지바른 곳에 무덤을 만들었습니다.

1. 선덕여왕은 모란꽃 그림만 보고 향기가 없다는 것을 어떻게 알 수 있었나요?

2. 여왕은 여근곡 골짜기에 적군이 숨어 있는 것을 어떻게 알았나요?

그때 사람은

여왕이 있던 나라

　우리나라 역사 가운데 신라에만 여왕이 있었습니다. 27대 선덕여왕, 28대 진덕여왕, 51대 진성여왕입니다. 신라에만 여왕이 있었던 것은 신라가 남녀 구분이 없는 평등한 사회였기 때문은 아닙니다. 여자에게 많은 기회가 주어진 자유로운 나라였기 때문도 아닙니다.

　옛날에는 어느 나라든 신분이 나뉘어져 있어서 지위가 높은 사람과 낮은 사람을 구별했습니다. 신라에는 골품제라는 엄격한 신분제도가 있었습니다. 성골, 진골, 6두품, 5두품, 4두품, 평민 순서로 신분을 결정했습니다. 이 가운데 가장 높은 신분인 성골만 임금이 될 수 있었습니다.

　진평왕이 아들 없이 죽자, 뒤를 이을 성골 남자가 없었습니다. 그래서 선덕여왕이 왕위에 올랐습니다. 그리고 선덕여왕도 왕위를 이어받을 왕자나 공주를 낳지 못하고 죽자, 그 뒤를 이어 사촌 동생인 진덕여왕이 왕위에 올랐습니다. 마지막 남은 성골이었던 진덕여왕이 죽고 나자, 더 이상 왕위를 이을 성골이 없었습니다.

　진골 귀족은 화백회의를 열어 가장 능력 있는 사람을 임금으로 뽑았습니다. 이렇게 해서 진골 가운데에서 첫 번째 왕이 나왔습니다. 그가 바로 삼국통일을 이끈 태종무열왕 김춘추입니다.

살아가는 인물 열어가는 역사

　진성여왕이 왕위에 오른 것은 앞선 두 여왕과는 좀 다른 경우입니다. 신라 말기는 귀족이 서로 임금이 되려고 다투느라 무척 혼란스러운 때였습니다. 그런데 진성여왕 아버지인 경문왕 집안에서는 왕위를 독차지하고 싶었습니다. 경문왕 아들인 정강왕이 왕자를 낳지 못하고 죽자, 여동생인 진성여왕이 왕위에 올랐습니다. 공주가 왕위에 오른 경우가 그 전에도 있었기 때문에 진성여왕이 왕위에 오르는 것을 반대하지 않았습니다.

　신라에 깊이 자리 잡고 있던 골품제는 왕위를 잇는 문제 뿐 아니라, 귀족이나 평민이 사는 것까지 많은 영향을 주었습니다. 결혼도 같은 신분끼리만 할 수 있었고, 오를 수 있는 벼슬도 신분별로 정해져 있었습니다. 집 크기나 옷차림은 물론이고, 집에서 쓰는 그릇이나 머리에 꽂는 비녀, 머리 빗는 빗도 신분에 따라 색깔과 재료가 정해져 있었습니다. 높은 신분일수록 좋은 것 화려한 것을 사용할 수 있었습니다. 낮은 신분은 아무리 돈이 많고 똑똑해도 좋은 것을 가지거나 쓸 수 없었습니다. 이렇게 부자나 귀족만 좋은 것을 가질 수 있으니, 일반 백성은 부자나 귀족을 위해서 일만 하는 신세가 되고 말았습니다.

 탐구하기

1. 신라에만 있었던 독특한 신분제도는 무엇이었나요?

2. 왕위에 오를 수 있는 신분은 무엇인가요?

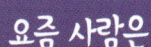 요즘 사람은

여자, 남자 구별 없이

▶ 우리나라 첫 여왕이었던 선덕여왕을 생각하면서, 여자 남자 구별 없이 자기가 좋아하는 일을 하며 살 수 있는 평등한 세상에 대해 생각해 봅시다.

　내 이름은 이정은, 신영 초등학교 3학년입니다. 괴롭히는 남자 애가 있으면 사정없이 때려주다 보니 '조폭'이라는 별명이 붙었지요. 치마보다는 바지를 더 자주 입습니다. 치마를 입으면 달리기 할 때 무척 불편하거든요.

　나는 밥 먹는 것 보다 과학책 읽는 것을 더 좋아합니다. 그 가운데서도 우주에 대한 책을 좋아합니다. 태양계 8개 행성에 대해서 구석구석 모르는 게 없답니다. 내 꿈은 우주인이 되는 것입니다. 끝없이 넓은 우주를 여행하고 싶습니다. 우리나라 최초로 이소연 언니가 우주에 간 것을 보고 얼마나 부러웠는지 모릅니다.

　내 꿈을 엄마한테 말했더니 엄마는 빙그레 웃으며,
"우리 정은이는 우주여행도 하고 참 좋겠네. 엄마도 데려가 줄 거지?"
라고 격려해주었습니다. 나처럼 과학을 좋아했던 우리 엄마는 과학을 가르치는 선생님이 되는 게 꿈이었다고 합니다. 엄마는 공부를 잘했지만, 선생님이 될 수 없었습니다.
외할머니는 아들을 낳기 위해 계속 아이를 낳았습니다. 딸을 다섯이나 낳은 다음에야 아들을 낳았습니다. 엄마랑 이모들도 대학에 가고 싶었지만, 남자인 막내 외삼촌만 대학에 갈 수 있었다고 합니다.

　엄마는 딸이라서 차별받는 것이 속상했다고 합니다. 그래서인지 오빠와 나를 똑같이 대해줍니다. 학원도 똑같이 다니고 집안일을 도울 때도 같이 합니다.

　엄마 말을 들어보면 옛날에는 여자에게 공부할 기회도 주지 않았고, 직업도 없었고, 주로 집안에서만 생활했다고 합니다. 그리고 자기 의견을 제대로 내세우지도 못했다고 합니다. 옛날에 태어나지 않은 게 정말 다행입니다.

　엄마는 이런 말도 했습니다. 세상이 점점 바뀌고 있고 앞으로는 더 달라질 거라고요. 여자는 할 수 없는 일로 생각했던 군인, 비행사, 버스운전기사 같은 직업에 도전하는 여자가 점점 많아지고 있습니다. 이제는 여자 남자 구별 없이 자기가 좋아하는 일을 즐겁게, 열심히 하며 살 수 있을 거라고요.

 생각하기

1. 여자라고 해서 차별 받는 것에 대한 자기 생각을 써 보세요.

24

나라를 위해 목숨을 바친

계백과 관창

(계백-태어난 때 모름~660년, 백제 시대 장군
/ 관창-645년~660년, 신라 시대 화랑)

🔊 역사 연대기

654년 신라 태종무열왕이 왕위에 오름
660년 백제가 멸망함
668년 고구려가 멸망함

🔊 학습목표

1. 계백장군에 대해 알 수 있다.
2. 관창에 대해 알 수 있다.
3. 화랑에 대해 알 수 있다.
4. 태권도에 대해 알 수 있다.

인물 이야기

황산벌에서 목숨을 바친 계백과 관창

계백은 백제 의자왕 때 이름난 장군이었습니다. 백제에는 무예 실력이 뛰어난 젊은이를 장수로 뽑는 수사제도가 있었습니다. 계백도 수사제도로 장수가 되었습니다.

의자왕은 당나라와 신라군이 쳐들어오자, 계백을 불렀습니다. 위기에 처한 백제를 구해 달라고 했습니다.

소정방이 이끄는 당나라군 13만 명은 바다로 쳐들어왔고, 김유신은 신라군 5만 명을 이끌고 황산벌로 쳐들어왔습니다.

백제는 바다 건너 왜에 도움을 청했지만, 왜에서 도우러 오려면 시간이 많이 걸렸습니다.

계백장군 사당-충남 논산

계백장군묘-충남 논산

다. 그러니 마냥 기다리고 있을 수가 없었습니다.

계백은 용감하고 충성스러운 군사 5천 명을 골라 결사대를 만들었습니다. 결사대는 죽음을 각오하고 싸우는 군대라는 뜻입니다. 계백은 군사에게,

"우리가 있는 힘을 다해 싸운다면 적군을 물리칠 수 있을 것이다. 마지막 한 사람이 남을 때까지 죽음을 두려워하지 말고 용감하게 싸우자."

이렇게 외쳤습니다. 군사도 소리 높여 함성을 질렀습니다.

계백은 싸움터로 나가기 전에 집으로 가서 가족을 불러 모았습니다.

"나는 전쟁터로 나간다. 지금 나라는 몹시 위태롭다. 목숨을 걸고 싸우겠지만, 이길 수는 없을 것이다. 그러면 우리 가족은 평생 적에게서 노예로 살아야 할 것이다."

살아가는 인물 열어가는 역사

계백은 사랑하는 가족을 죽이고는 5천 결사대를 이끌고 황산벌로 나갔습니다.

황산벌에 진을 친 백제군은 목숨을 걸고 용감하게 싸웠습니다. 신라군은 백제군보다 열 배나 많았지만, 이길 수가 없었습니다. 여러 차례 공격해도 실패만 거듭했습니다. 게다가 왜가 백제를 도우러 온다는 소식이 들려오자, 신라군은 힘이 빠졌습니다.

그때 신라군에서 한 화랑이 백제군을 향해 말을 타고 달려갔습니다. 열여섯 살 밖에 안 된 관창이었습니다.

"나는 계백과 싸우러 왔다. 어서 나와 내 칼을 받아라."

외쳤으나 관창은 백제군에게 잡혀 꽁꽁 묶인 채로 계백 앞으로 끌려갔습니다.

계백장군-전쟁 기념관

계백은 어린 소년이 용기 있게 싸우러 온 것을 칭찬하며 살려 보내주었습니다. 꽁꽁 묶인 채로 돌아온 관창은 밧줄을 풀어주자, 물 한 잔을 마시고는 다시 백제군을 향해서 달려갔습니다. 계백도 이번에는 관창을 살려 줄 수가 없었습니다.

"네 용기는 훌륭하나 너는 적이니, 더 이상 살려 줄 수가 없다."

계백은 관창을 죽인 다음, 머리를 말에 매달아 신라군에게 돌려보냈습니다.

이것을 본 신라군은 화가 머리끝까지 솟아올랐습니다. 그리고 백제군을 향해 총공격을 했습니다.

다. 관창이 죽음으로써 신라군에게 큰 힘을 준 것입니다. 백제군은 끝까지 싸웠지만, 수가 많은 신라군을 이길 수는 없었습니다. 계백과 5천 결사대는 모두 목숨을 잃고 말았습니다.

신라 김유신은

"적이긴 하나 계백은 정말 훌륭한 장수였다."

며 계백을 정중히 묻어주었습니다.

1. 힘이 빠진 신라군이 백제군을 이길 수 있었던 까닭은 무엇일까요?

29

그때 사람은

청소년 교육제도, 화랑도

화랑도는 신라에만 있던 교육제도입니다. 신라에서는 나라 일꾼이 될 청소년을 뽑아, 나라에서 중요한 일을 할 수 있도록 미리 교육 시켰습니다.

화랑도는 신라 시대 귀족인 진골 출신 화랑이 거느리는 단체였습니다. 이 화랑도에는 수백 명이 넘는 청소년이 있었는데, 낭도라고 했습니다.

화랑도는 공부와 무술도 익혔지만, 이름난 산이나 강을 찾아다니며 노래와 춤을 배우기도 했습니다. 마음을 닦는 수양도 중요하게 생각했는데, 승려가 도와주기도 했습니다. 청소년이 모여서 함께 생활을 했기 때문에 우정도 깊었습니다. 또 모두 화랑도라는 자부심이 높았습니다.

화랑도에는 신라 시대에 이름난 승려인 원광법사가 만든 '세속오계'가 있었습니다. 세상에서 지켜야 하는 다섯 가지 규칙이라는 뜻입니다.

첫째, 나라에 충성하는 '사군이충' 둘째, 부모에 효도하는 '사친이효' 셋째, 친구를 믿음으로 사귀는 '교우이신' 넷째, 전쟁에 나가서 물러서지 않는 '임전무퇴' 다섯째, 살아있는 것을 죽일 때는 가려서 하라는 '살생유택'이었습니다.

화랑은 이 규칙을 중요하게 따랐습니다. 신라가 백제 계백장군과 싸울 때 계속 패하다가 힘을 낼 수 있게 이끈 것도 바로 전쟁에 나가서 물러서지 않는 임전무퇴 정신 덕분이었습니다.

사다함이나 관창, 반굴, 김유신, 원술 등은 이름난 화랑입니다.

사다함은 열여섯 나이에 대가야를 차지할 때 크게 공을 세웠습니다. 사다함은 친구가 병에 걸려 죽자 슬퍼하다 죽을 정도로 의리가 깊었습니다.

반굴은 황산벌전투에서 관창보다 먼저 백제군과 싸우다 죽은 화랑이었습니다. 반굴과 관창은 자기 목숨을 바침으로써 신라군에게 큰 본보기가 되었습니다.

김유신과 아들인 원술도 이름난 화랑이었습니다. 김유신은 삼국을 통일했습니다. 또 아들인 원술이 당나라와 싸움에서 지고 돌아오자 왕에게 아들을 죽일 것을 간청하고 평생 만나지 않았습니다. 스스로 엄격해 부하에게 본보기가 된 것이었습니다. 원술은 이런 아버지 태도에 마음을 잡고 당나라를 크게 물리쳤습니다.

살아가는 인물 열어가는 역사

화랑도는 신라가 삼국을 통일하고 나라를 발전시키는 데 큰 힘이 되었습니다. 그러나 신라가 삼국을 통일한 뒤에는 전쟁이 줄어들어 화랑도는 점점 사라져갔습니다.

고구려에도 청소년을 가르치는 곳이 있었습니다. 신분과 학식이 높은 청소년은 평양에 있는 '태학'이라는 곳에서 공부를 했습니다. 여기에 들어갈 수 없는 평민이나 청소년은 태학보다 낮은 학교인 '경당'이라는 곳에 들어갔습니다. 경당에서 배운 다음에 태학으로 가기도 했습니다. 경당에서는 공부를 가르치기도 했지만, 활쏘기 같은 무예도 가르쳤습니다.

화랑도는 올바른 정신을 단련할 수 있는 곳이었으나, 삼국 통일 뒤에는 마음을 수련하는 화랑 정신은 점점 쇠퇴하고, 서로 권력을 차지하기 위한 다툼이 벌어지면서 서서히 사라지고 말았습니다.

임신서기석

"임신년 6월 16일에 두 사람이 함께 맹세하여 기록한다.
하늘에 맹세한다.
지금으로부터 3년 뒤에 나라에 충성하는 도(忠道)를 지키고 허물이 없기를 맹세한다.
만일 이 서약을 어기면 하늘에 큰 죄를 짓는 것이라고 맹세한다.
만일 나라가 편안하지 않고 세상이 크게 어지러우면 '충도'를 행할 것을 맹세한다.
또한 따로 앞서 신미년 7월 22일에 크게 맹세했다.
곧 시경(詩經)·상서(尙書)·예기(禮記)·춘추전(春秋傳)을 차례로 3년 동안 배우기로 맹세했다."

탐구하기

1. 화랑이 지켜야 했던 규칙에는 어떤 것이 있나요?

요즘 사람은

우리나라 전통무예, 태권도

▶ 신라 시대 화랑도가 몸과 마음을 단련했듯이 요즘에도 마음과 몸을 기르는 운동이 있습니다. 우리나라 태권도에 대해 알아봅시다.

요즘에도 청소년이 몸을 건강하게 하고 마음을 단련할 수 있도록 하는 운동인 태권도가 있습니다. 태권도는 우리나라 전통 무예입니다.

오랜 옛날부터 우리나라 사람은 무예를 즐겼습니다. 태권도는 고구려, 신라, 백제, 그리고 고려와 조선을 이어오는 동안 전해오던 무술을 통합해 만든 것입니다. 태권도에서 '태'는 '태풍처럼 거세고 힘 있게 뛰어 차는 발'을 뜻하고, '권'은 '주먹'을, '도'는 '사람이 가야할 올바른 길'을 나타냅니다.

우리나라에서는 1961년에 대한태권도협회를 만들어 나라 안팎으로 태권도를 많이 알리기 시작했습니다. 어린이, 청소년을 중심으로 태권도를 배울 수 있는 곳이 늘어나고, 공식 경기가 많이 벌어지면서 태권도는 많은 국민에게 사랑을 받기 시작했습니다.

태권도를 할 때는 온 몸을 다 사용합니다. 상대방이 공격할 때 맨손과 맨발을 사용해 자신을 지키고, 또 공격도 할 수 있습니다. 태권도에서는 '품새'라고 하는 동작 모양을 중요시합니다. 품새에서 나타내는 동작 하나하나는 정해진 형식에 맞추어 혼자 연습할 수 있도록 만들어 놓은 동작입니다. 또 몸뿐만 아니라, 마음을 단련하는 것도 중요하게 생각하는 운동이어서 집중력과 자신감, 그리고 예절을 기르는 것도 강조합니다.

태권도를 할 때는 허리에 띠를 매게 되는데, 띠에는 다섯 가지 색이 있습니다. 흰색, 노란색, 파란색, 붉은색, 검은색 띠 가운데 검은색이 가장 높은 실력을 나타냅니다. 태권도 실력은 급과 단으로 나누어지는데, 실력이 좋아질수록 급은 1급으로 올라가고 단은 9단으로 올라갑니다.

세계에서 태권도를 배우는 사람은 6천만 명이 넘습니다. 우리나라에서도 태권도를 배우는 사람이 5백여만 명이 넘습니다. 우리나라 다음으로 미국, 중국이 가장 많고, 이란에도 120만 명이나 됩니다. 남아메리카에서는 축구 다음으로 태권도를 좋아한다고 할 만큼 태권도는 세계에서 사랑받는 운동이 되었습니다.

1. 화랑정신과 태권도 정신이 같은 점은 무엇일까요?

25

삼국통일을 시작한
김춘추

(604년~661년, 신라 29대 임금)

🔊 역사 연대기

654년 김춘추가 '무열왕'으로 왕위에 오름
660년 신라·당나라 연합군이 백제를 멸망시킴
661년 김춘추가 죽고 문무왕이 왕위에 오름

🔊 학습목표

1. 김춘추가 외교에 힘쓴 까닭을 알 수 있다.
2. 무열왕이 왕이 된 과정을 알 수 있다.
3. 무열왕이 김유신과 힘을 합친 과정을 알 수 있다.
4. 외국어를 배우는 것에 대해 생각할 수 있다.

삼국통일을 시작한 김춘추

김유신에게는 여동생 둘이 있었는데, 언니 이름은 보희, 동생 이름은 문희였습니다.

하루는 보희가 아주 창피한 꿈을 꾸었다고 문희에게 말했습니다.

"서악에 올라가 오줌을 누었더니, 서라벌이 오줌 바다가 되었어. 그런데 꿈같지 않고, 마치 진짜 일어난 일 같아."

이야기를 들은 문희는 언니에게 비단치마를 주고 그 꿈을 샀습니다.

열흘 뒤, 김유신과 친하게 지내던 김춘추가 집으로 찾아와 공을 차는 놀이인 축국을 했습니다. 김유신은 김춘추 옷자락을 몰래 밟았습니다. 그 바람에 김춘추가 입은 옷이 조금 찢어졌습니다. 김유신은 김춘추가 큰 인물이 될 것이라 믿고 누이동생과 인연을 맺게 해주려고 일부러 밟은 것입니다. 김유신은 보희에게 김춘추 옷을 꿰매 달라고 했습니다. 보희가 부끄러워하며 싫다고 하자, 문희가 대신 옷을 꿰매주었습니다. 그 일로 문희와 김춘추는 서로 좋아하게 되었고, 결혼까지 하게 되었습니다.

죽령
경상북도 영주시 풍기읍과 충청북도 단양군 대강면 사이에 있는 고개

김춘추는 신라로 쳐들어오는 백제를 막아내기가 힘들어지자 고구려 힘을 빌리려고 했습니다. 고구려에 가서 보장왕에게 신라를 도와달라고 했습니다. 그러자 보장왕은,

"죽령 북쪽은 본래 고구려 땅이었으니 이를 돌려주면 군사를 보내 도와주겠다."

고 했습니다. 김춘추가 거절하자 옥에 가두고 말았습니다. 김춘추가 고구려 남쪽 국경지역을 샅샅이 훑어보면서 왔기 때문에 고구려를 공격할 수도 있다고 생각했기 때문입니다. 그리고 기회를 보아 죽이려고 했습니다.

이때 죄 없는 김춘추가 죽게 될 것을 딱하게 여긴 선도해가 '거북이에게 속아 용궁에 간 토끼가 간을 육지에 두고 왔다고 거짓으로 속여 빠져나왔다'는 이야기를 들려주었습니다. 김춘추는 거짓으로 속이고라도 고구려를 빠져 나가 목숨을 구하라는 뜻이라는 것을 알아차렸습니다.

태종무열왕릉-경북 경주

태종무열왕릉-경북 경주

보장왕에게 '죽령 북쪽은 본래 고구려 땅이니 제가 신라로 돌아가면 왕께 말씀드려 돌려주도록 하겠다.'는 글을 올렸습니다. 김춘추는 무사히 신라로 돌아올 수 있었습니다.

김춘추는 바로 왜에 도움을 청하러 갔습니다. 김춘추가 왜로 간다는 사실을 알게 된 백제 의자왕은 먼저 가 있던 백제 사신에게 죽이라고 했습니다. 또 왜 임금에게도 죽여 달라는 부탁을 했습니다. 그러나 왜 임금은 신라와 관계가 나빠질까봐, 들어주지 않았습니다. 인질로만 붙들어 두었습니다.

김춘추는 왜에 1년 동안이나 갇혀 있었습니다. 왜는 신라 선덕여왕이 죽었다는 소식이 전해지자 장례식에 가게 해야 한다며 풀어주었습니다.

신라로 돌아온 김춘추는 다시 당나라로 가서 태종을 만났습니다. 중국말로 인사를 하자, 태종은 중국말을 잘하는 김춘추를 좋아했습니다. 김춘추는 신라와 당나라가 힘을 합쳐 백제와 고구려를 치자고 했습니다. 태종도 그러자고 했습니다.

진덕여왕이 죽고, 김춘추가 왕위에 올라, 태종무열왕이 되었습니다. 무열왕은 당나라와 힘을 합쳐 백제를 멸망시켰습니다. 삼국을 통일하는 첫 번째 고비를 넘은 것입니다.

탐구하기

1. 김춘추가 고구려에 간 까닭은 무엇인가요?

2. 김춘추가 당나라에 간 까닭은 무엇인가요?

그때 사람은
옛날에도 외국어를 배웠을까요?

 백제로부터 공격을 받아 성을 40여개나 빼앗긴 신라는 위기에 빠지고 말았습니다. 김춘추는 신라를 구하기 위해 고구려, 왜, 당나라를 차례로 찾아 갔습니다. 고구려와 신라는 말이 서로 비슷해 통역할 필요가 없었지만, 왜와 중국은 서로 말이 달라 통역이 필요했습니다. 하지만 김춘추는 일본어, 중국어를 아주 잘했기 때문에 통역이 필요 없었습니다. 김춘추가 일본어와 중국어를 잘 할 수 있었던 것은 바로 아버지 '김용춘' 덕분입니다.

 신라 25대 진지왕 아들인 김용춘은 임금이 되지 못했지만, 김춘추를 임금으로 만들기 위해 많은 노력을 했습니다. 아들이 태어나자 씨를 뿌리기 시작하는 봄과 곡식을 거두어들이는 가을을 함께 넣어서 춘추(春秋)라고 이름을 지었습니다.

 신라는 고구려나 백제보다 작은 나라였기 때문에 다른 나라와 사이좋게 지내야 했습니다. 그러므로 임금은 다른 나라 말과 문화, 그리고 풍습을 잘 알아야 했습니다.

 그래서 김용춘은 외국 사신이나 유학생이 서라벌에 오면 집으로 초대해 김춘추에게 외국어와 외국풍습을 가르쳐 주도록 부탁했습니다. 그 덕분에 김춘추는 외국에 가지 않아도 다른 나라에 대해서 잘 알 수 있었습니다. 김춘추가 뛰어난 외교를 할 수 있었던 것은 이런 환경 속에서 자랐기 때문입니다.

살아가는 인물 열어가는 역사

그 때 외국어를 많이 배운 사람은 중국과 일본을 오고가며 장사를 하는 상인과 통역을 하는 역관이었습니다. 중국 사람은 우리나라에서 나는 인삼을 아주 좋아했고, 왜 사람은 신라에서 만든 칼을 아주 좋아했습니다. 중국과 왜 상인에게 물건을 팔려면 당연히 그 나라 말을 할 수 있어야 했는데, 상인은 대부분 직접 외국인과 만나 손짓발짓으로 외국어를 배우기 시작했습니다.

역관은 상인 출신이 많았는데, 장사를 해 돈을 많이 벌었습니다. 역관은 낮은 신분이었으나, 열심히 공부를 했습니다. 통역을 정확히 해야 했고, 또 정기적으로 시험도 보았기 때문입니다. 그래서 역관은 신분이 낮았지만, 귀한 대접을 받았습니다.

고려 시대와 조선 시대에는 외국어를 가르치는 관청인 '사역원'이 있었습니다. 고려 시대에도 외국과 무역을 많이 해서 역관이 있었습니다. 역관은 중국어, 거란어, 여진어(만주어), 몽골어, 일본어 등을 배웠는데 그 가운데 몽골족이 세운 원나라와 통역을 하는 역관은 엄청난 권력을 누리기도 했습니다.

조선 시대 사역원에서는 4대 외국어인 중국어, 몽골어, 여진어, 일본어를 가르쳤습니다. 사역원에 속한 '우어청'에서는 외국어로만 대화를 했습니다. 우리말은 쓰지 못하고, 배우는 나라 말로만 대화를 주고받도록 한 순수 외국어 회화교육원입니다. 처음에는 주로 첩이 낳은 자식인 서자가 외국어를 배웠는데 신분과 학식이 높은 양반 가운데서도 외국어를 배우려는 사람이 점점 늘어났습니다.

탐구하기

1. 옛날에 외국어를 배운 사람은 주로 어떤 사람인가요?

2. 조선 시대에 외국어를 가르친 기관은 무엇인가요?

 요즘 사람은

엄마도 고민하는 영어

▶ 옛날 사람도 외국어를 배우는 경우가 있었습니다. 지금 우리나라 학생은 대부분 외국어를 배웁니다. 외국어를 배우면서 힘들어하는 아이를 바라보는 엄마 마음을 생각해 봅시다.

제목: 영어, 안 가르칠 수 없을까? 날씨: 구름 낀 하늘이 내 마음 같다.

"엄마 영어학원 안 가면 안 돼요? 학원 다니기 싫어요."
"왜? 조금만 더 참아, 이 고비만 넘기면 영어도 잘하게 되고……"
엄마 말이 채 끝나기도 전에 예원이는 소리를 질렀다.
"진짜 가기 싫다니까요! 어제 영어시간에 야단만 맞았어요."
짜증을 부리는데 눈에는 눈물이 그렁그렁했다. 학원에서 100단어 시험을 보고, 많이 틀렸다고 야단을 맞았다고 한다.

요즘 들어서 부쩍 화를 잘 내고, 하루에도 몇 번씩 배가 아프고, 머리도 아프다고 투정을 한다. 학원에 가기 싫어서 그러는 거다. 그동안 힘들다고 말할 때마다 그냥 참고 다녀보라고 했지만, 이번에는 아이 말을 귀담아 들어야 할 것만 같다. 그래도 설득을 해보았다.

"중학생인 오빠는 일어도 배우잖아, 영어 하나 갖고 너무 엄살이 심하다."
"우리나라 사람은 일본을 싫어하면서 일본어를 왜 배워요?"

도리어 대들기만 했다. 예원이가 힘들어하거나 아프다는 말을 할 때면 건강이 최고니까 학원을 당장 그만두게 하고 싶지만, 혼자만 뒤처질까봐 불안하다. 영어는 세계 어디에서도 통하는 말이고, 좋은 대학을 가려면 영어시험도 잘 봐야 한다. 예원이에게 양보하면 안 된다. 영어만이 아니라 중학교 입학하기 전에 우리보다 잘 사는 나라인 일본어와 경제가 많이 발전하는 중국어도 가르쳐야 할 것 같다.

세계에서 많은 사람이 사용하는 외국어를 배우지 않고 우리 딸이 성공할 수 있을까? 당장 그만두게 하고 그 학원비로 저축을 하면? 과외중인 중학생 아들까지 영어를 끊으면 얼마를 저축할 수 있지? 하지만 외국어를 제대로 안 가르쳤다가는 더 큰 문제가 생길 것 같다.

결국 예원이가 스트레스를 받으며 학원에서 영어 공부를 하면 영어에 대한 흥미를 잃게 될까봐 중학생 아들을 가르치는 과외선생님께 딸아이도 잘 가르쳐달라고 부탁을 했다. 오히려 돈이 더 많이 들어가게 되어 걱정이다. 휴~

 생각하기

1. 요즘 사람이 외국어를 배우는 까닭은 무엇일까요?

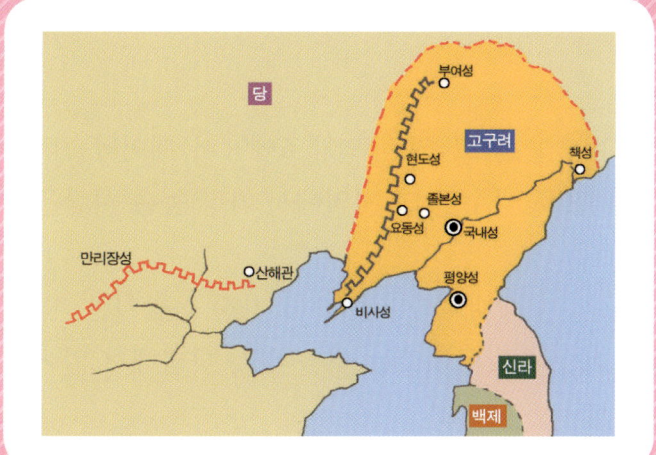

26

고구려를 지켜낸

연개소문

(태어난 때 모름~650이나 666년, 고구려 시대 정치가)

🔊 역사 연대기

642년 보장왕이 왕위에 오름
645년 안시성에서 고구려군이 당태종을 물리침
660년 나당연합군에 의해 백제가 멸망함
668년 고구려가 멸망함

🔊 학습목표

1. 연개소문에 대해 알 수 있다.
2. 고구려 멸망에 대해 알 수 있다.
3. 옛날 관직에 대해 알 수 있다.
4. 나라를 다스리는 사람에 대해 알 수 있다.

 인물 이야기

당당한 고구려를 만든 연개소문

고구려 연개소문은 동부대인이면서 막리지라는 벼슬을 하고 있던 연태조에게서 태어났습니다. 고구려는 평양성을 동, 서, 남, 북과 가운데 지역으로 나누어 그 지역에서 가장 높은 사람을 대인이라 했는데, 연태조는 동쪽지역 대인이었습니다.

막리지는 고구려에서 가장 높은 관직입니다. 처음에는 대대로라는 벼슬이 가장 높았지만, 나중에는 막리지가 더 힘이 세어졌습니다. 막리지는 아들에게 물려주는 벼슬이고, 나라에서 일어나는 큰일을 모두 책임져야 했습니다.

그래서 연태조는 연개소문에게 어려서부터 학문과 무예를 열심히 가르쳤습니다. 그러나 아버지가 죽고, 벼슬을 물려받으려 하자, 많은 귀족이 반대했습니다. 연개소문이 너무 큰 힘을 갖게 되는 것을 싫어했기 때문입니다. 그러자 연개소문은 귀족마다 찾아가서 무릎을 꿇고 말했습니다.

"그동안 일은 제가 잘못한 것이 많습니다. 지금부터는 행동을 조심하고 나라를 위해 이 한 몸 바치겠습니다."

자기 힘만 믿고 마음대로 하지 않고, 겸손하게 말을 하자 귀족도 벼슬을 물려받도록 허락했습니다.

막리지가 된 연개소문은 임금에게 당나라와 거란이 침략하는 것을 막기 위해서는 천리장성을 쌓아야 한다고 했습니다. 그러자 임금은 연개소문에게 일을 맡겼습니다.

책임자가 되어 만주에 있는 부여성, 현도성, 요동성, 비사성을 이어서 발해만 까지 천리에 이르는 긴 성을 만드는 공사를 하러 갔습니다.

성 쌓는 공사를 하면서도 백성에게 일을 무리하게 시키지 않고 잘 보살피자, 점점 많은 백성이 믿고 따르게 되었습니다. 그 덕분에 연개소문은 힘이 더욱 강해졌습니다. 연개소문은 고구려가 강한 나라이니, 당나라에 고개 숙이지 말고 당당하게 대해야 한다고 주장했습니다.

당나라와 전쟁을 하지 않으려는 영류왕과 귀족은 이런 연개소문이 못마땅해서 죽이려고 했습니다. 이를 알게 된 연개소문은 영류왕과 많은 귀족을 죽이고, 영류왕 조카인 보장왕을 임금으로 세웠습니다. 그리고 스스로 막리지보다 더 높은 대막리지가 되었습니다.

당나라는 연개소문이 임금을 죽인 것을 벌 준다는 핑계로 쳐들어왔습니다. 개모성, 요동성, 비사성, 백암성을 잇달아 빼앗았습니다. 그러나 안시성은 결국 함락시키지 못하고 돌아갔습니다.

당나라는 잇달아 고구려를 침략했으나, 연개소문은 잘 막아냈습니다. 또 백제와 손을 잡고 신라를 공격했습니다. 신라는 고구려와 백제가 함께 공격하자, 당나라에 가서 도움을 청했고, 당나라는 신라와 손을 잡았습니다. 고구려는 남북에서 공격을 당하는 어려운 처지가 되었습니다. 고구려는 당나라에 맞서 오랫동안 전쟁을 하느라 힘이 많이 약해졌습니다.

연개소문이 죽자, 동생과 아들이 서로 높은 자리를 차지하려고 싸우느라 더 혼란에 빠졌습니다. 결국 고구려는 신라와 당나라 연합군에게 멸망하고 말았습니다.

1. 연개소문이 했던 벼슬은 어떤 것이었나요?

그때 사람은
왕을 도와 나라를 다스리는 신하

옛날부터 임금은 나라를 잘 다스리기 위해서 여러 신하를 두었습니다. 신하는 임금을 도와 나라를 다스리고, 전쟁이 나면 적과 싸웠습니다.

고조선에는 장군, 도위, 박사 같은 벼슬이 있었습니다. 여러 벼슬이 있었다는 것은 신하끼리 일을 나누어서 했다는 것을 뜻합니다.

고구려에 있던 대대로는 임금이 직접 뽑아서 내려주는 벼슬이 아니라 귀족이 서로 의논해서 뽑았습니다. 3년마다 뽑았는데, 나중에는 임금보다 대대로가 더 힘이 세어지기도 했습니다.

대대로는 나라 일을 보살피고, 군사를 뽑았으며, 신하를 뽑는 일도 했습니다. 시간이 지나자 대대로보다 막리지가 더 힘센 벼슬이 되었습니다. 막리지가 군대를 이끌었기 때문입니다. 또 막리지는 대대로처럼 3년마다 뽑는 것이 아니라, 한 번 맡으면 죽을 때까지 했고 아들에게 물려줄 수 있었습니다.

연개소문 때부터는 막리지를 대막리지라고 불렀습니다. 대막리지도 막리지처럼 아들에게 물려주는 벼슬이었는데, 연개소문이 죽자 큰 아들인 연남생이 이어 받았습니다.

백제에는 16개로 나누어진 벼슬인 좌평이 있었습니다. 좌평은 여러 일을 나누어 맡았는데, 가장 높은 귀족이었습니다. 임금이 내리는 명령을 받아서 나라를 다스리고, 나라 재산을 관리하며, 나라에서 일어나는 여러 행사를 진행했습니다. 또 임금을 보호하는 일과 법을 만드는 일, 그리고 군사를 훈련하고 전쟁에 나가는 일도 좌평이 맡아서 했습니다. 좌평 가운데 가장 높은 사람은 상좌평이었습니다.

또 임금이 내린 명령이 먼 지방까지 빠르고 정확하게 전달되기 어려웠기 때문에 지방마다 관리를 두어서 맡아 다스리도록 했습니다.

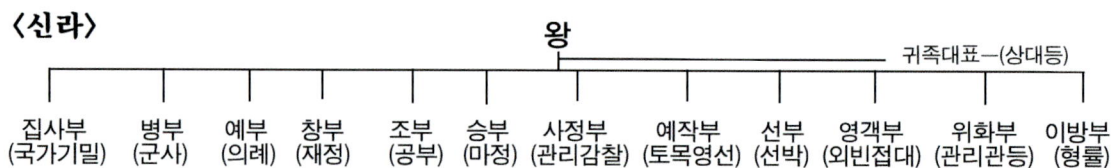

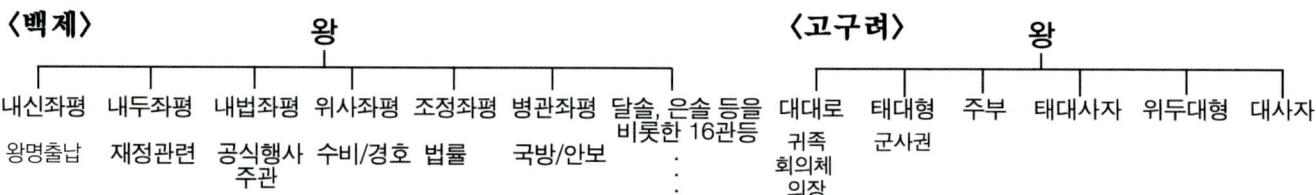

살아가는 인물 열어가는 역사

　신라에는 화백제도가 있었는데, 귀족이 회의를 해서 모든 사람이 찬성을 해야만 나라 일을 할 수 있었습니다. 이 귀족을 대표하는 사람은 상대등이었습니다.

　또 임금 바로 밑에 집사부가 있었는데, 집사부 우두머리는 시중이었습니다. 시중은 임금이 하는 일을 돕는 벼슬이었습니다. 임금이 힘이 셀 때는 시중도 힘이 세었으나, 임금 힘이 약해지면 귀족 대표인 상대등 힘이 더 커지기도 했습니다.

　고려 시대에는 중서문하성이 있었는데, 여기서도 시중이 가장 높은 벼슬이었습니다. 중서문하성 밑으로 여러 벼슬을 두어서 군사나 관리를 이끌고, 곡식을 관리하며, 역사를 기록하는 일 등을 나누어 맡았습니다.

　조선 시대에는 임금 바로 밑에 의정부를 두었는데, 의정부는 영의정, 좌의정, 우의정 이렇게 세 사람이 모여 중요한 나랏일을 의논했습니다. 의정부에서 결정한 일을 임금이 허락하면 의정부 밑에 있는 6조가 그 일을 나누어 했습니다. 6조는 이조, 호조, 예조, 병조, 형조, 공조로 나누어졌습니다.

　임금이 잘못한 것을 얘기해주거나, 벼슬을 맡은 이가 잘못하는 일이 없도록 살피는 사간원이라는 것도 있었습니다. 아무리 임금이나 벼슬아치라도 나라 일을 함부로 할 수 없도록 해서 백성이 편안하게 살 수 있는 나라를 만들려고 했습니다.

　이렇게 나라를 다스리는 일은 임금 밑에 있는 여러 신하에 의해 이루어졌고, 때로는 임금보다 더 힘이 센 신하가 나오기도 했습니다.

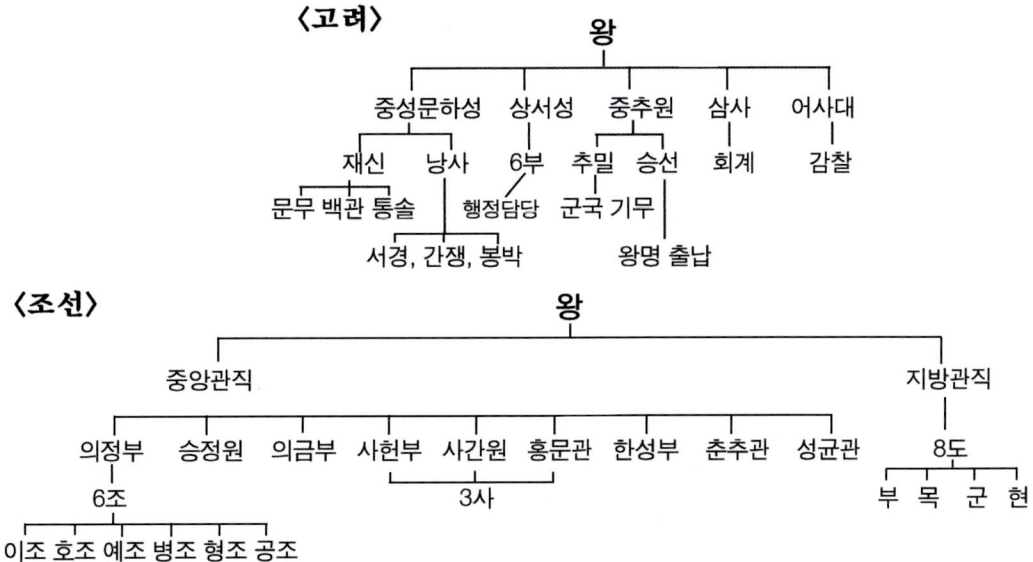

탐구하기

1. 백제와 신라 관직 가운데 가장 높은 관직은 무엇이었나요?

백제:　　　　　　　　　　　　　　신라:

나라를 다스리는 사람

▶ 옛날에 임금은 나라를 잘 다스리기 위해 여러 신하를 두었습니다. 요즘도 국가를 잘 다스리기 위해서 두는 여러 대표와 기관에 대해서 알아봅시다.

옛날에는 임금님이 나라를 다스렸지만, 요즘은 대통령이 다스립니다.

영국, 에스파냐, 일본, 타이 같은 나라는 아직도 왕이 있지만, 나라를 대표하기만 할뿐, 다스리는 일은 수상이 맡아서 합니다.

우리나라는 대통령 밑으로 국무총리가 있고, 여러 부서가 있습니다. 경제, 군사, 교육, 외교, 과학, 문화, 환경, 건설 등 나라를 다스리는 데 필요한 여러 일을 부서마다 나누어 합니다. 이 부서를 책임지는 사람을 장관이라 합니다.

독일은 대통령이 있긴 하지만, 총리가 더 많은 힘을 가지고 있습니다. 또 중국은 정치하는 단체인 공산당이 나라 일을 결정합니다. 이 단체에서는 주석이라는 대표를 뽑기도 합니다. 이 주석이 나라를 대표하는 사람입니다.

대통령이나 수상과 함께 일을 해나가는 곳은 국회나 의회입니다. 국회에는 국회의원이 모여 나라 일을 회의하고 법을 만들며, 국민이 낸 세금을 잘 쓰고 있는지를 관리합니다.

왕이나 여왕은 자녀에게 자리를 물려주지만, 대통령이나 수상, 국회의원은 모두 선거로 뽑습니다. 그래서 나라를 잘 다스려야만 국민이 믿고 따릅니다.

1. 내가 나중에 나라를 다스리게 된다면 어떤 자리를 두고 싶나요?

27

당나라를 막아낸
양만춘
(나고 죽은 때 모름, 고구려 시대 장군)

🔊 **역사 연대기**

608년 고구려 승려 담징이 일본 호류사에 금당벽화를 그림
647년 고구려 천리장성이 완성됨
신라가 첨성대를 세움

🔊 **학습목표**

1. 양만춘장군에 대해 알 수 있다.
2. 안시성전투 때 고구려 상황을 알 수 있다.
3. 이기기 힘들었지만 잘 싸운 전쟁에 대해 알 수 있다.

고구려는 내가 지킨다. 양만춘

연개소문은 영류왕을 죽이고, 영류왕 조카인 보장왕을 임금에 앉혔습니다. 대막리지라는 관직을 새로 만들어 그 자리에 앉았습니다.

다른 신하나 장수는 연개소문을 따랐지만, 안시성 성주인 양만춘은 영류왕을 죽인 것은 옳지 않다며 따르지 않았습니다. 그렇지만 연개소문도 의리를 지키는 양만춘을 존경해 관직이 자기보다 낮았지만, 함부로 대하지 않았습니다.

연개소문은 당나라에 바치는 조공을 없애고, 맞서려 했습니다. 그러자 당나라 태종은 수나라를 대신해 고구려에 복수하고 요동을 차지해야겠다고 생각했습니다.

그래서 당나라 태종은 배 5백여 척과 군사 4만 명을 장량에게 맡겨 바다를 건너 공격하게 했습니다. 또 이세적에게 군사 6만 명을 주어서 요하를 건너 고구려로 먼저 쳐들어가게 했습니다. 그리고 뒤따라 온 태종은 군사를 직접 지휘해 고구려에 있는 개모성, 요동성, 백암성, 비사성을 차례로 차지했습니다. 마지막으로 안시성만 남았습니다.

안시성에 있는 군사는 수가 적었기 때문에 당나라 대군을 막기 어려웠습니다. 당나라 군사가 하루에도 수만 명씩 파도처럼 밀려 왔습니다.

"이 안시성을 빼앗기면 고구려 전체가 무너질 것이다. 죽기를 각오하고 이 성을 지켜내야 한다."

양만춘과 군사, 그리고 안시성 백성은 죽을 힘을 다해 싸웠습니다.

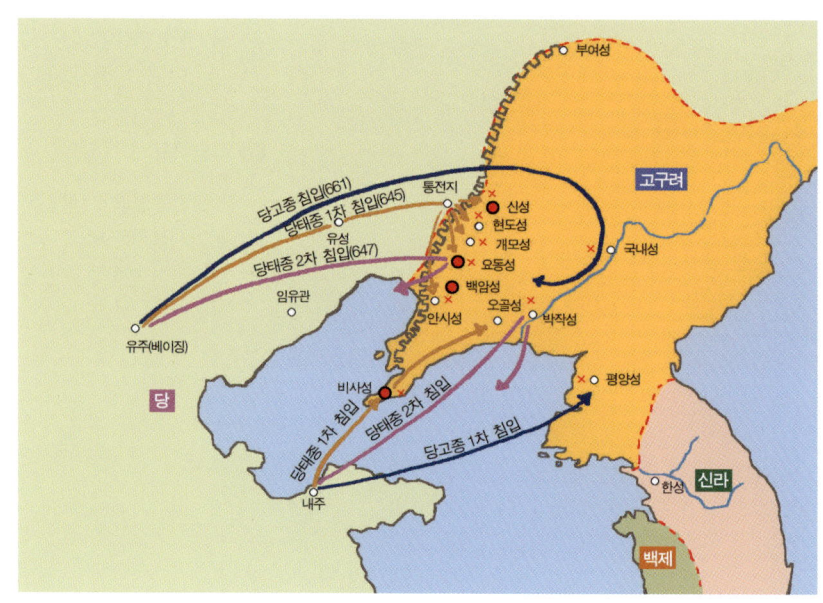

당나라와 고구려 전쟁

당나라 군대는 안시성을 포위한 채 쉬지 않고 공격했습니다. 하지만 안시성을 무너뜨릴 수 없었습니다. 그러자 당나라군은 안시성 성벽 옆에 흙으로 산을 만들기 시작했습니다. 안시성보다 높은 곳에서 공격을 하고, 또 흙산을 통해서 성벽을 넘어 성안으로 들어가려 했습니다.

안시성보다 높게 흙산이 만들어지자, 당나라 태종은 이곳에 군대를 올려 보냈습니다. 그러나 급히 쌓은 흙산이라 한쪽으로 우르르 무너져 내려버렸습니다. 그 바람에 흙산 옆 안시성 성벽도 같이 무너지고 말았습니다.

이때를 놓치지 않고,

"흙산을 차지하라."

> **군량**
> 군인이 먹는 양식

양만춘이 명령을 내리자, 고구려군이 흙산으로 치고 올라가서는 당나라군을 산 밑으로 쫓아내 버렸습니다. 두 달 넘게 당나라 군대가 힘들여 쌓은 흙산을 고구려 군이 차지해 버린 것입니다. 사기가 꺾인 당나라 군은 안시성을 공격할 힘을 잃고 말았습니다.

겨울이 다가오자 날씨도 추워지고, 군량도 부족해졌습니다. 하는 수 없이 당태종은 군대를 돌려야 했습니다. 당태종은 양만춘이 비록 적이지만, 훌륭한 장수라고 칭찬하며 비단 백 필을 보내 주었습니다. 또 아들에게 고구려를 침략하지 말라는 유언을 남겼습니다.

조선후기에 그린 안시성도

1. 당나라 군대는 안시성을 함락시키기 위해 어떤 방법을 썼나요?

이기기 힘들었지만, 이긴 전쟁

　압록강과 두만강 북쪽에서부터 요하까지 땅인 요동지방은 따뜻하고 넓은 평야여서 농사짓기가 좋았습니다. 그래서 오래전부터 여러 민족이 차지하려고 전쟁을 벌였습니다.

　우리 민족이 요동지방에 세운 고조선, 고구려, 발해 같은 나라도 중국 땅에 자리 잡은 나라와 전쟁을 했습니다. 요동지방을 차지하기 위해 여러 차례 쳐들어왔기 때문입니다. 막강한 중국 군대에 맞서 전략을 잘 짜고 군사와 백성이 하나로 뭉쳐서 용감하게 싸웠습니다. 그래서 잘 막아냈습니다.

　고조선 때는 한나라 수군 5만 명과 육군 7천 명이 쳐들어왔습니다. 고조선군은 험한 곳에 숨어 있다가 한나라군을 공격했습니다. 또 튼튼한 성에서 나오지 않고 버티며 싸웠습니다. 싸움이 길어져서 한나라군이 지치면 기습공격도 했습니다. 그러자 한나라군은 식량이 떨어지고 지쳐서 돌아가고 말았습니다. 비록 나중에 신하끼리 다툼도 일어나고, 고조선 사람끼리 서로 싸우는 바람에 한나라에게 패해서 나라가 멸망했지만, 마지막까지 고조선 우거왕은 백성과 힘을 합쳐 한나라군에 당당히 맞서 싸웠습니다.

　고구려는 수나라와 당나라에서 더 많은 침략을 받아야 했습니다. 수나라 양제는 1백만 명이 넘는 군사를 이끌고 고구려로 쳐들어왔습니다.

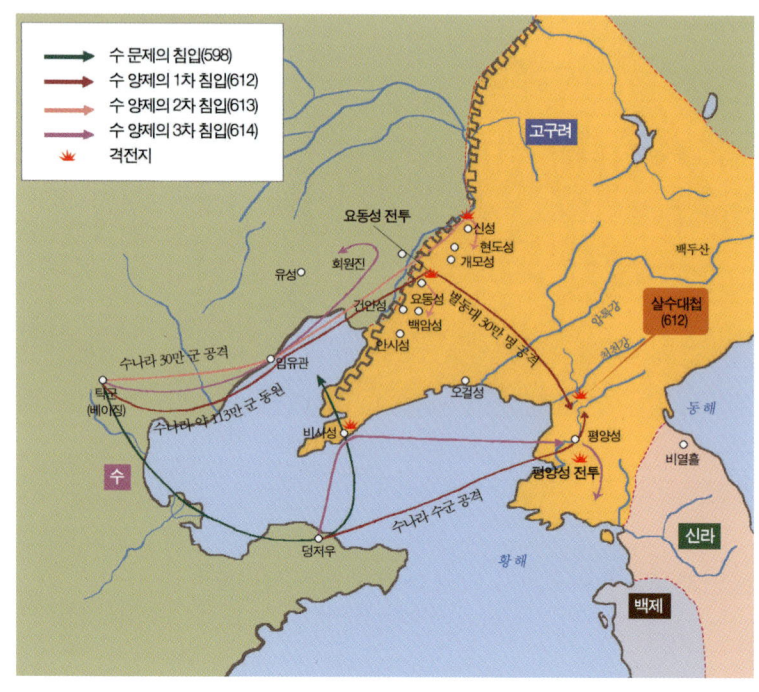

〈고구려와 수나라 전쟁〉

살아가는 인물 열어가는 역사

오랫동안 전쟁을 준비해 온 수나라보다 고구려군은 수도 적었고, 무기도 적었습니다.

그러나 고구려군은 포기하지 않고 이길 수 있는 전략을 세웠습니다. 모든 백성을 성으로 들어가게 한 뒤 지키기로 했습니다. 또 성 밖에 있는 들판과 건물에 불을 질러 수나라 군대가 쉴 곳과 말에게 먹일 풀을 없애 버렸습니다. 그리고 수나라군이 쉬는 동안 몰래 기습공격을 했습니다.

을지문덕장군은 수나라 우중문에게 거짓으로 지는 척하며 고구려 땅 깊숙이 끌어들였다가 도망가는 적에게 미리 막아두었던 강물을 한꺼번에 흘려보내 무찔렀습니다.

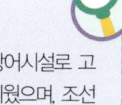

목책
나무를 둘러 세워 성을 방어시설로 고구려와 신라에서 목책을 세웠으며, 조선 시대에도 행주산성과 진주성, 남원성에 설치한 적이 있다.

당나라가 쳐들어왔을 때에는 용감한 군대와 백성이 잘 막아냈습니다. 다른 고구려 성이 함락되어 많은 고구려 사람이 잡혀가고 죽었다는 것을 알았지만, 안시성에 있던 군사와 백성은 결코 포기하지 않았습니다.

당나라군이 공격을 해 와서, 성벽이 무너지면 목책을 세워 막아냈습니다. 당나라군이 쌓은 흙산이 무너지자, 재빨리 그 산을 차지한 다음, 당나라 군사를 물리쳤습니다. 양만춘과 군사, 그리고 백성이 있는 힘을 다해 막아내자, 하는 수 없이 당나라군은 물러날 수밖에 없었습니다.

이렇게 우리나라는 많은 중국 군대와 전쟁에서 밀리지 않고 잘 싸웠습니다. 왜냐하면 우거왕, 을지문덕, 양만춘 같은 지도자가 뛰어난 전략을 가지고 군대를 이끌었고, 성이나 강같이 우리에게 익숙한 곳을 잘 이용했기 때문입니다. 또 온 백성이 한마음으로 힘을 합쳤기 때문에 이길 수 없을 것처럼 보이던 전쟁에서도 이길 수 있었습니다.

그렇지만 백성은 죽거나 다치고 전쟁에 나가느라 농사를 짓지 못해 굶주려야 했습니다. 아무리 전쟁에서 이기더라도 백성은 고통을 받아야 했습니다.

탐구하기

1. 이기기 힘들었던 전쟁에서 우리나라가 이길 수 있었던 까닭은 무엇인가요?

요즘 사람은

꿈은 이루어졌다.

▶ 고구려가 도저히 이길 수 없을 것 같았지만 쳐들어온 수나라를 물리친 것처럼 2002년에 우리나라 축구도 세계 강국과 겨루어 4강까지 올라갔습니다. 4강 진출을 이루어 낸 까닭에 대해서 생각해봅시다.

2002년 6월, 우리 국민은 모두 손에 손을 잡았습니다. 집에서, 경기장에서, 거리에서 붉은 옷을 입고, 한 목소리로 '대한민국'을 외쳤습니다.

우리나라는 월드컵축구대회에 나갈 때마다 16강에 들어가는 것이 목표였습니다. 그렇지만 그때까지 월드컵 본선 경기에서는 한 번도 이겨본 적이 없었습니다.

하지만 이번엔 좀 달랐습니다. '2002 월드컵'은 우리 땅에서 열리는 대회였고, 모든 국민이 바로 옆에서 응원할 것이기 때문입니다. 히딩크 축구대표팀 감독과 선수는 16강에 들어갈 것이라고 굳게 다짐했고, 국민은 온 힘을 다해 응원을 보냈습니다.

경기에 이겨 16강 목표를 이루었지만, 여기서 끝난 것이 아니었습니다. 국민이 거리로 나가 응원을 계속했습니다. 세계 사람은 거리로 몰려나와 열광하는 우리 국민을 보고 놀라워했습니다.

이어서 우리나라는 월드컵 4강에 진출했습니다. 아무도 믿지 않았던 4강이었습니다.

이길 수 없을 것 같았던 경기를 이길 수 있었던 것은 우리 땅에서 선수가 더 편안하게 실력을 펼칠 수 있기 때문이기도 하고, 경기장에서 붉은악마 옷을 입은 국민이 상대편 선수가 공포를 느낄 정도로 함성을 지르며 힘을 실어주었기 때문이기도 합니다.

또 히딩크 감독은 선수 한 명 한 명을 믿고, 경기 때마다 뛰어난 전략을 세웠습니다. 16강에 들겠다는 의지 하나로 선수는 고된 훈련을 이겨냈습니다.

이 모든 것 덕분에 우리는 꿈을 이루어낼 수 있었습니다.

생각하기

1. 힘든 경기를 이기는 데 가장 중요한 것은 무엇이라고 생각하나요?

28

삼국통일을 이끈

김유신

(595년~673년, 신라 시대 장군)

🔊 역사 연대기

662년 신라가 탐라(제주도)를 정복함
668년 고구려가 멸망함

🔊 학습목표

1. 김유신에 대해서 알 수 있다.
2. 삼국 시대에 일어난 전쟁에 대해 알 수 있다.
3. 지금도 전쟁 중인 우리나라 상황을 알 수 있다.

인물 이야기

통일전쟁을 이끈 김유신

신라 김유신은 가야 김수로왕 12대 자손으로, 증조할아버지가 금관가야 마지막 임금인 구형왕입니다. 가야가 신라에 합쳐지면서 신라 귀족이 되었고, 할아버지인 김무력과 아버지인 김서현도 신라에서 높은 벼슬을 했습니다.

김유신은 신라 화랑이 되어 낭도를 이끌며 화랑 정신을 길렀습니다. 그리고 중악과 인박산에서 무술을 닦은 뒤에 화랑을 거느리는 '국선'이 되었습니다.

고구려 낭비성을 공격할 때였습니다. 고구려군에게 신라군이 밀리면서 사기가 떨어지자, 김유신이 앞으로 나섰습니다.

김유신묘-경북 경주

"제가 신라군을 구하겠습니다."

혼자 적진으로 달려가 고구려 장수를 베어 버렸습니다. 그러자 신라군은 사기가 다시 올라갔고, 큰 승리를 거두었습니다.

선덕여왕 때는 상장군에까지 올랐습니다.

백제 가혜성을 비롯한 성 일곱 개를 공격했습니다. 전투에서 이기고 돌아오는 길에 매리포성이 백제군에게 공격을 받고 있다는 소식을 들었습니다. 김유신은 쉬지도 않고 다시 군사를 이끌고 달려가 백제군을 물리쳤습니다.

선덕여왕은 외교에 관한 일은 김춘추에게 맡기고, 군사에 관한 일은 김유신에게 맡겼습니다.

고구려, 신라, 백제가 서로 힘을 다투는 시대였으므로 나가는 싸움마다 승리하고 돌아오는 김유신에게 군사를 맡기는 것은 당연한 일이었습니다.

신라가 점점 발전되어 가는데, 비담과 염종이 난을 일으켰습니다. 여자 임금을 모시기 싫다는 핑계였습니다. 이때 하늘에서 별

살아가는 인물 열어가는 역사

이 떨어지자 임금별이 떨어졌다고 여긴 신라군 사기가 크게 떨어졌습니다. 김유신은 연에다 불을 붙여 하늘로 날렸습니다. 떨어진 별이 다시 하늘로 올라간다고 믿은 신라군은 다시 사기가 올랐고, 도리어 반란군 사기가 떨어지고 말았습니다. 반란을 진압한 뒤에도 김유신은 백제군을 잇달아 무찌르며 더 많은 공을 세워 이찬으로 벼슬이 올랐습니다.

선덕여왕을 이어 왕위에 오른 진덕여왕이 죽고, 뒤를 이을 자식이 없자, 김춘추를 왕으로 받들었습니다. 김유신은 고구려와 백제가 공격하는 것으로부터 신라를 지켜야한다고 생각했습니다. 태종무열왕인 김춘추 생각도 마찬가지였습니다.

태종무열왕이 왕위에 오른 지 7년째 되던 해에 김유신은 신라군 5만 명을 이끌고 백제 수도인 사비성으로 쳐들어갔습니다. 백제 계백장군이 이끄는 5천 결사대가 마지막으로 저항했지만, 바다에서 쳐들어오는 당나라군과 힘을 합쳐 사비성을 함락시켰습니다. 백제를 멸망시킨 것입니다.

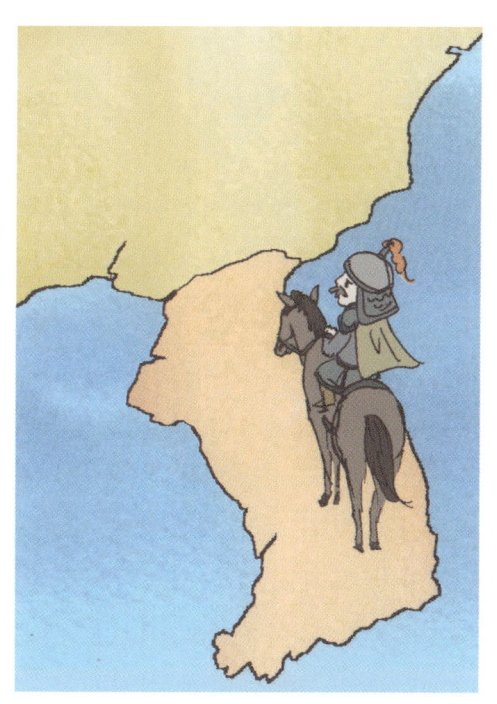

그리고 고구려를 칠 때는 문무왕으로부터 나이가 많으니 경주에 남으라는 명령을 받고 전쟁을 치르는 데 필요한 뒷일을 도맡았습니다.

고구려가 망하자, 김유신은 신라마저 집어 삼키려는 당나라에 맞서 싸웠습니다. 당나라를 물리치고 삼국통일을 완성하는 데 김유신이 큰 공을 세웠습니다. 문무왕은 김유신 벼슬을 가장 높은 대각간으로도 모자란다며 태대각간으로 올렸습니다.

1. 문무왕이 김유신 벼슬을 태대각간으로 올린 까닭은 무엇인가요?

백성이 고통 받은 전쟁

우물가에 사는 형이 전쟁에 나가게 되었습니다. 신라군과 맞서 싸우는 백제 군대에 나가게 된 것입니다. 한강 가에 있는 우리 동네는 얼마전까지 고구려 땅이었지만, 신라와 백제가 손을 잡고 고구려와 싸워 이겼습니다. 그런 다음 신라는 한강 위쪽을 차지하고, 백제는 한강 아래쪽을 차지했습니다. 그런데 신라가 처음 한 약속을 어기고 백제가 차지한 한강 아래쪽까지 차지하려고 쳐들어왔습니다.

우물가 집에 사는 형 부모는 전쟁에 나가서 다치면 어떻게 하냐고 걱정이 태산이었습니다. 하지만,

"지난번에 나처럼 적군한테서 좋은 것 많이 빼앗아 돌아오너라."

감나무 집 아저씨가 전쟁에 나가는 형 어깨를 토닥거리며 말했습니다. 감나무 집 아저씨는 고구려랑 싸울 때 백제군으로 나가서 적군한테서 금으로 만든 허리띠를 빼앗아 왔습니다. 그 허리띠를 팔아서 부자가 되었습니다.

"전쟁이 위험하지만, 잘만 하면 단단히 한 몫 챙길 수도 있다니까."

동네 사람도 걱정하지 말라면서 좋은 말을 해 주었습니다. 하지만 전쟁에 나가서 죽거나 다치거나 돌아오지 않는 사람이 훨씬 더 많습니다. 한 몫 챙겨서 오는 사람은 거의 없습니다.

우리 동네에서도 한 몫 챙겨온 사람은 감나무 집 아저씨뿐입니다. 쌍바위 집 아저씨는 팔을 크게 다쳐서 돌아왔고, 큰돌이네 형은 배를 칼에 찔려서 허리가 옆으로 돌아가고, 어깨가 꾸부정하게 변했습니다. 대나무집 형이랑 매화네 삼촌이랑 순이네 오빠는 싸우다가 죽었다고 합니다.

5년 전에 전쟁에 나간 가식이형은 아직 돌아오지 않았습니다.

"우리 가식이는 언제 돌아오려나?"

살아가는 인물 열어가는 역사

　가식이형 어머니는 늘 한숨을 입에 달고 살았습니다. 가식이형은 설희누나랑 결혼하기로 해놓고 전쟁에 나갔는데 소식이 없습니다. 그래서 설희누나 부모님이 더는 기다릴 수 없다면서 설희누나를 다른 사람과 결혼 시키려고 했습니다.

　소식도 없고, 돌아오지 않으니 죽었다고 생각했습니다. 설희누나 부모님은 결혼을 서둘렀습니다. 설희누나는 날마다 마을 뒤에 있는 높은 언덕에 올라가서 거울 조각을 만지작거리며 가식이형을 기다렸습니다. 가식이형이랑 반으로 쪼개, 한 조각씩 나누어 가진 거울입니다.

　어느 날 거지 하나가 설희누나네 집 대문 밖에 찾아 와서 물 한 잔만 달라고 했습니다. 왼쪽으로 얼굴이 찌그러져 보였습니다.

　"전쟁에 나갔다가 칼에 찔려서 그만……"

　입이 돌아가서 그런지 말을 할 때 발음도 이상했습니다. 그 말을 들은 설희누나는 가식이형 생각이 나서 물을 떠다 주었습니다. 설희누나에게 나이가 많은 것 같은데 왜 결혼을 안 했냐고 물었습니다. 설희누나는 거지가 별 걸 다 묻는다는 생각이 들었지만, 전쟁에 나간 사람을 기다린다고 대답하고는 방으로 들어왔습니다.

　한참 뒤에 나가서 거지가 두고 간 바가지를 본 설희누나는 깜짝 놀랐습니다. 가식이형이랑 나누어 가진 거울 조각이 들어있었습니다. 하지만 아무리 찾아도 그 거지를 다시는 볼 수 없었습니다.

1. 전쟁이 났을 때 백성이 겪는 고통은 어떤 것이 있나요?

요즘 사람은

지금도 끝나지 않은 전쟁

▶ 옛날에 고구려, 백제, 신라가 서로 싸운 것처럼 우리나라는 지금도 남과 북으로 갈라져서 전쟁을 하고 있는 것에 대해서 생각해 봅시다.

경기도 파주에서 강원도 고성까지 남북을 갈라놓으며 이어진 철조망을 휴전선이라고 부릅니다. 전쟁이 끝난 것이 아니라 잠시 쉬고 있는 선이라는 뜻입니다.

휴전선을 사이에 두고 북쪽에는 조선민주주의인민공화국이 있고, 남쪽에는 대한민국이 있습니다. 두 나라는 한 민족이지만, 둘로 갈라져서 서로 다른 나라를 세웠습니다. 북쪽에서는 남쪽을 남조선이라고 부르고, 남쪽에서는 북쪽을 북한이라고 부릅니다. 서로가 상대방을 나라로 인정하지 않으니까 정식 나라 이름을 불러 주지 않는 것입니다.

1950년 6월 25일에는 전쟁이 일어나서 북쪽에서 북한군이 남쪽 땅 낙동강까지 쳐들어 왔고, 대한민국국군과 유엔군이 북쪽 땅 압록강까지 되밀고 올라갔습니다. 그러자 북쪽을 돕는다며 중국군이 다시 밀고 내려와서 서울을 차지하기도 했습니다. 1953년 7월 27일에 남북이 서로 전쟁을 멈추기로 약속할 때까지 3년이 넘도록 밀고 밀리면서 싸우는 바람에 수백만 명이 죽고 다쳤습니다.

온 나라가 전쟁에 휩싸이면서 집이나 공장이 부서지고, 철도나 도로가 망가졌습니다. 하지만 더 가슴 아픈 것은 남과 북이 원수가 되어버린 것입니다. 남과 북을 오고가는 철도와 도로가 끊어졌고, 사람도 마음대로 오고가지 못하게 되었습니다. 휴전선을 사이에 두고 남북으로 헤어진 가족이 마음대로 만나지 못하게 되었습니다.

또 전쟁을 잠시 쉬고 있으니 남북 모두가 다시 일어날 전쟁에 대비해 무기를 만들고 전쟁에 필요한 시설을 세워야 합니다. 국민이 잘 먹고 잘 사는 데 써야 하는 돈을 전쟁을 준비하는 데에다 써버리게 되는 것입니다. 그리고 건강한 대한민국 남자는 모두 군대에 가야 합니다. 전쟁이 아무리 싫어도 가야합니다. 자기 마음대로 군대에 가지 않으면 벌을 받아야 하고, 감옥에 가야 합니다.

1. 남과 북이 휴전선을 사이에 두고 갈라져 있어서 불편한 점은 무엇인가요?

29

삼국통일을 이룬
문무왕
(626년~681년, 신라 30대 임금)

📢 역사 연대기
660년 나당연합군 공격을 받아 백제가 멸망함
661년 문무왕이 왕위에 오름
668년 고구려가 멸망함
676년 당나라가 한반도에서 완전히 물러감

📢 학습목표
1. 삼국통일을 이루었던 문무왕에 대해 알 수 있다.
2. 신라가 삼국을 통일할 수 있었던 까닭을 알 수 있다.
3. 신라가 이룬 삼국통일이 지닌 의미를 생각할 수 있다.
4. 남북통일에 대해 생각할 수 있다.

 인물 이야기

바다용이 된 문무왕

신라 왕자 법민은 태자시절부터 많은 전쟁을 겪었습니다. 고구려, 백제, 신라가 서로 싸우고 있는 혼란스러운 때였기 때문입니다. 당나라와 힘을 합쳐 백제를 공격했을 때는 김유신장군과 함께 전쟁터에 나가 싸웠습니다. 백제를 무너뜨린 뒤, 고구려를 치기 위해 준비 할 무렵 아버지인 태종무열왕이 세상을 떠났습니다.

뒤를 이어 법민이 왕위에 올랐습니다. 30대 문무왕입니다. 문무왕은 아버지 뜻을 이어 고구려를 무너뜨렸습니다.

그런데 신라를 도와준 당나라는 전쟁이 끝났는데도 자기 나라로 돌아가지 않았습니다. 우리나라 전체를 다 차지하려고 했습니다. 화가 난 문무왕은 당나라 군대를 나라 밖으로 쫓아버렸습니다.

그러자 당나라도 가만히 있지 않았습니다. 많은 군사를 이끌고 신라로 쳐들어 왔습니다. 두 나라 사이에 큰 싸움이 벌어졌습니다. 매소성전투, 기벌포전투에서 크게 진 당나라는 완전히 물러갔습니다. 이렇게 해서 삼국이 하나로 통일되었습니다.

전쟁이 계속되면서 백성은 많은 고통을 받았습니다. 전쟁에 나가 죽기도 하고 농사를 짓는 땅이 엉망이 되었기 때문에 먹을 것도 없었습니다.

"전쟁에 사용했던 무기를 녹여서 호미와 괭이를 만들어라. 백성이 농사짓기 편하게 도와 주고, 세금도 가볍게 줄여 주도록 하라"

문무왕은 전쟁으로 지친 백성을 따뜻하게 보살펴 주었습니다.

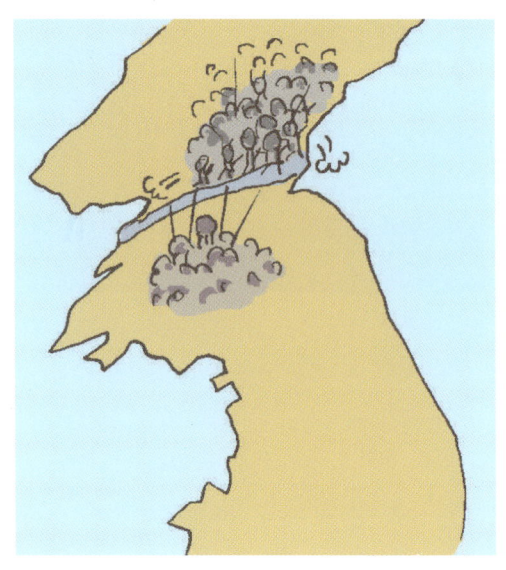

살아가는 인물 열어가는 역사

전쟁은 끝났지만, 문무왕은 언제나 걱정이었습니다. 당나라가 언제 다시 쳐들어올지 모르고, 왜구도 자주 침략해왔기 때문입니다. 문무왕은 세상을 떠나면서 말했습니다.

"저 넓은 동쪽바다를 어떻게 지킬 수 있겠느냐. 죽어서 바다용이 되어 나라를 지키고 싶구나. 내가 죽으면 화장하여 동쪽바다에 뿌리도록 하라."

또 문무왕은 무덤을 호화롭게 만들지도 말라고 했습니다. 태자와 신하 모두가 반대했지만, 문무왕은 뜻을 굽히지 않았습니다.

문무왕이 세상을 떠난 뒤 유언대로 동쪽바다에 있는 큰 바위에 장사지내고 뼛가루를 바다에 뿌렸습니다. 그 바위를 대왕암이라 불렀습니다.

문무왕을 이은 신문왕은 대왕암 가까이에 감은사라는 절을 지었습니다. 절을 지을 때 법당 밑으로 굴을 하나 만들었습니다. 용이 된 문무왕이 이 굴로 법당에 들어올 수 있게 하려는 것이었습니다.

신라는 이때부터 오랫동안 전쟁을 하지 않고 평화롭게 살았습니다. 용이 된 문무왕이 나라를 지켜준 덕분인지도 모릅니다.

감은사터-경북 경주

문무왕릉이 내려다보이는 이견대-경북 경주

1. 계속된 전쟁으로 고통 받는 백성을 위해 문무왕이 한 일은 무엇인가요?

2. 문무왕은 왜 바다에 묻히고 싶어 했나요?

신라는 어떻게 삼국을 통일했나요?

　삼국 시대에 고구려, 백제, 신라 가운데 가장 넓은 땅을 차지하고, 가장 힘이 셌던 나라는 고구려입니다. 신라는 가장 힘이 약한 나라였습니다. 그런데 어떻게 신라가 삼국을 통일할 수 있었을까요? 그것은 한강 둘레를 차지했기 때문입니다.

　옛날에는 지금과 같은 수도시설이 없었기 때문에 필요한 물을 강에서 얻었습니다. 한강은 배를 타고 다른 나라와 오고 갈 수 있는 중요한 길이었습니다. 또한 한강 둘레에 있는 땅은 강물을 끌어와서 농사짓기에도 아주 좋았습니다.

　처음 한강 둘레를 차지한 것은 백제입니다. 도읍이었던 위례성이 한강 가에 있어서 다른 나라와 오가며 문화를 발전시킬 수 있었습니다. 하지만 개로왕 때 5백 년 동안 차지하고 있던 한강을 고구려 장수왕에게 빼앗기고 말았습니다. 한강 둘레를 빼앗은 고구려는 더 힘센 나라가 되었습니다.

　기회를 엿보던 백제 성왕은 고구려가 혼란해진 틈을 타서 신라와 힘을 합치는 나제동맹을 맺고 한강 둘레를 다시 되찾았습니다. 한강 둘레 땅 위쪽은 신라가, 아래쪽은 백제가 나누어 가졌습니다.

　한강을 모두 차지하고 싶은 진흥왕은 마음을 바꿔 백제를 공격했습니다. 두 나라 사이에 오랫동안 이어온 동맹관계는 깨졌고, 전쟁이 일어났습니다. 백제 성왕은 관산성전투에서 신라군에게 사로잡혀 비참하게 죽었습니다.

　화가 난 백제는 신라를 여러 번 공격했습니다. 계속되는 공격에 시달리던 신라는 고구려에 도움을 요청했습니다. 그러나 사신으로 간 김춘추는 도움을 받기는커녕 감옥에 갇히는 신세가 됐습니다. 꾀를 써서 간신히 고구려를 빠져나온 김춘추는 왜로 갔다가 거절당하자 다시 당나라로 발길을 돌렸습니다.

살아가는 인물 열어가는 역사

고구려와 싸워 여러 번 패한 당나라는 고구려를 미워하고 있었습니다. 당나라 임금은 속으로 기뻐하며 신라를 돕기로 약속했습니다.

그 무렵 백제는 의자왕이 나라를 다스리고 있었는데, 왕과 귀족이 서로 싸우고 있었습니다. 나라를 잘 돌보지 않아 백성 마음도 이미 떠난 상태였습니다. 당나라와 힘을 합친 신라 군대가 쳐들어 왔을 때 막아내기엔 힘이 너무 부족했습니다. 백제는 결국 나당연합군에 의해 무너지고 말았습니다.

고구려는 중국 수나라 당나라와 오랜 전쟁을 치르며 많이 약해져 있었습니다. 게다가 강력한 힘을 가지고 있었던 연개소문이 죽자 동생과 아들 사이에 권력다툼이 벌어졌습니다. 큰 아들 남생은 여러 성을 당나라에 바치고 항복했습니다. 연개소문 동생 연정토도 성 열두 개를 바치고 신라에 항복하고 말았습니다. 이렇게 힘이 약해진 고구려도 나당연합군에 의해 무너져 버렸습니다.

한반도를 모두 차지할 욕심이었던 당나라는 이번엔 신라와 맞붙었습니다. 여러 번 전투를 치르며 당나라를 몰아낸 신라는 마침내 삼국통일을 이루었습니다. 하지만 신라가 차지한 것은 대동강에서 원산만 아래쪽에 이르는 땅뿐이었습니다.

신라가 차지한 곳에 고구려 땅은 거의 들어가 있지 않았습니다. 그러니 신라가 통일한 것은 삼국이 아닌 백제와 신라라고 할 수 있습니다.

신라는 통일한 땅을 아홉 개 주로 나누고 작은 서울 다섯 개를 세웠습니다.

이것을 '9주 5소경'이라고 합니다.

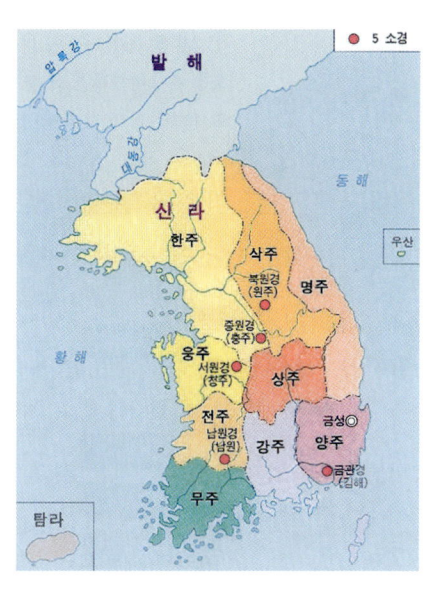

9주 5소경

탐구하기

1. 신라가 한강 둘레를 차지한 것은 어느 임금 때인가요?

2. 신라가 통일한 땅은 어느 지역인가요?

요즘 사람은

남과 북이 통일된다면

▶ 신라가 삼국을 통일한 뒤 우리나라는 고려, 조선으로 이어지며 한 국가로 발전해 오다가 남과 북으로 나뉘게 되었습니다. 하루빨리 남북이 통일되기를 바라는 마음으로 통일에 대해 생각해 봅시다.

학교에서 통일에 대한 이야기를 들었다. 통일에 대해 생각해본 적이 별로 없었는데, 선생님은 우리나라도 빨리 남북이 통일되어야 한다고 말씀하시며 선생님 고모부에 대한 얘기를 들려주셨다.

전쟁 때 큰 아버지를 따라 혼자 남쪽으로 내려왔는데 평생을 북쪽에 있는 가족을 그리워하신다고 했다. 언젠가 텔레비전에서 이산가족이 만나 서로 부둥켜안고 울던 모습이 떠올랐다. 선생님 고모부가 불쌍하다는 생각이 들었다. 내가 엄마 아빠와 헤어져 살았다면 어땠을까? 너무 슬퍼서 날마다 울었을 것이다.

우리나라는 전 세계 국가 가운데 같은 민족이면서 서로 갈라져 사는 하나밖에 없는 분단국가라고 한다. 우리와 비슷한 시기에 동쪽과 서쪽으로 갈라졌던 독일도 벌써 통일을 이루었고 베트남, 예멘도 분단 국가였지만 지금은 하나로 통일되었다고 한다.

나는 선생님 말씀을 들으면서 무조건 통일이 되어야 한다고 생각했는데, 그렇게 생각하지 않는 친구도 많아서 조금 놀랐다. 정엽이는 통일 되는 게 싫다고 했다. 통일이 되면 우리가 북한 사람을 다 먹여 살려야 한다고 했다. 독일 같은 경우도 통일된 뒤에 엄청나게 힘들었다고 한다. 또 북한이랑 우리는 너무 오래 떨어져 살았기 때문에 생각하는 게 달라서 합쳐지면 힘들 것이라고 했다. 예멘도 통일이 되고나서 국민이 서로 어울리지 못해 많은 문제가 생겼다고 한다. 정엽이 얘기를 들은 선생님은,

"물론, 문제점이 없는 건 아니지만, 그래도 선생님은 빨리 통일이 되어야 한다고 생각해. 우선 통일되면 국방비도 많이 줄일 수 있게 되고, 또 남북이 합쳐지면 우리나라 힘이 훨씬 강해질 수 있을 거야."

친구와 선생님 얘기를 들으며 통일에 대해 많이 알게 되었다. 우리나라가 빨리 하나로 통일 되었으면 좋겠다.

1. 정엽이 생각과 선생님 생각 중에서 어느 쪽에 찬성하나요? 남북이 통일 되는 것에 대한 생각을 써 보세요.

30

신라 불교를 발전시킨
의상과 원효

(의상-625년~702년/ 원효-617년~686년, 신라 시대 승려)

🔊 역사 연대기

607년 고구려 담징이 일본 호류사에 금당에 벽화를 그림
624년 고구려에 도교가 들어옴
647년 신라에 첨성대가 세워짐
662년 신라가 탐라(제주도)를 정복함

🔊 학습목표

1. 의상대사에 대해 알 수 있다.
2. 원효대사에 대해 알 수 있다.
3. 대승불교, 소승불교에 대해 알 수 있다.
4. 우리나라에 있는 종교에 대해 알 수 있다.

신라 불교를 발전시킨 두 승려

어느 날 원효대사가 있는 절에 의상대사가 찾아왔습니다. 원효대사는 반갑게 맞이했습니다. 처음 보는 사이였지만, 두 사람 모두 신라에서 이름난 스님이었기 때문에 처음 만나도 오랫동안 알고 지낸 사람 같았습니다.

의상대사는

"스님은 스승을 정하지 않고 훌륭한 사람을 찾아다니며 배운다고 들었습니다. 그리고 요즘은 스승도 없이 유교와 도교도 스스로 공부하신다고 들었습니다."

그 동안 자기가 들은 소문을 이야기 했습니다. 그러자 원효대사가 빙그레 웃으며 대답했습니다.

"신라에는 훌륭한 스님이 많으니 배울 것도 많지만, 아직도 배우고 싶은 것이 너무도 많답니다."

그 말을 들은 의상대사가 앞으로 바짝 다가앉으며,

"스님 저와 함께 당나라로 가서 불교를 더 깊이 배우지 않으시겠습니까?"

설득했습니다. 원효대사도 같이 간다면 든든하고 좋을 것 같았습니다.

그래서 두 스님은 당나라를 향해 길을 나섰습니다.

의상대사가 세운 부석사 -경북 영주

의상대사가 세운 봉정사-경북 안동

고구려를 거쳐서 당나라로 갈 생각이었습니다. 하지만 고구려로 들어서자마자 군인에게 붙잡히고 말았습니다. 아무리 공부를 하러 당나라로 가는 길이라고 해도 고구려 사람은 두 스님을 신라에서 온 첩자라고 하면서 풀어주지 않았습니다. 원효대사와 의상대사는 몇 달 동안 죄인처럼 붙잡혀 있다가 풀려났지만, 고구려는 두 스님을 중국으로 보내주지 않았습니다. 할 수 없이 두 스님은 신라로 돌아올 수밖에 없었습니다.

몇 년이 지나서 의상대사가 다시 원효대사를 찾아 왔습니다.

"스님, 이번에 당나라로 가는 배에 자리를 구했습니다. 배를 타고 가시면 중간에 못 가게 할 사람이 없을 것입니다."

두 스님은 배를 타고 무사히 당나라에 도착했습니다. 하지만 항구에 내려서 산길을 가는데 해가 지자 비바람이 몰아쳤습니다. 그래서 두 스님은 길가에 있는 움막에서 비를 피하고, 하룻밤을 자고 가기로 했습니다.

원효대사가 세운 청량사-경북 봉화

한참 자다가 목이 말라 잠을 깬 원효대사는 굴러다니는 바가지로 움막 구석에 고여 있는 물을 떠서 마셨습니다. 아주 시원하고 맛있었습니다. 기분 좋게 잠을 푹 자고 일어난 원효대사는 깜짝 놀랐습니다. 간밤에 마신 바가지는 사람 머리 해골이었습니다. 마신 물도 시체가 썩은 물이 고인 것이고, 잠을 잔 곳도 움막이 아니라 한쪽이 무너져 굴처럼 된 무덤이었습니다.

원효대사가 세운 신륵사-경기 여주

그때 원효대사는 '보이지 않았을 때는 아주 맛있게 마셨지만, 만약에 밝은 낮이었다면 더럽다고 결코 마시지 않았을 것이다. 모든 일은 마음먹기에 따라서 좋기도 하고 나쁘기도 한 것이구나.'라는 깨달음을 얻었습니다.

원효대사는 더 배울 것이 없다고 여겨 바로 신라로 돌아왔습니다. 의상대사는 당나라에 남아서 화엄사상을 공부하고 돌아왔습니다.

원효대사는 여러 갈래로 흩어져 있던 신라 불교를 하나로 모으는 데 힘썼고, 백성에게도 불교를 널리 알렸습니다. 의상대사는 전국을 다니면서 절을 세우고 불교사상을 퍼트렸습니다. 두 스님 덕분에 신라 불교는 더욱 발전했습니다.

탐구하기

1. 원효대사가 당나라에 갔다가 신라로 돌아와 버린 까닭은 무엇인가요?

소승불교와 대승불교

 옛날에 노힐부득과 달달박박이 있었습니다. 두 사람은 열심히 수도를 해서 부처님처럼 깨달음을 얻자고 약속했습니다. 깊은 산속으로 들어가 노힐부득은 동쪽 바위 아래에 절을 짓고, 달달박박은 북쪽 바위 아래에 절을 지어서 열심히 수도를 했습니다.

 어느 날 비가 몹시 쏟아지는 밤에 아름다운 여자가 비에 흠뻑 젖어서는 달달박박이 수도하는 절을 찾아 와 하룻밤 재워 달라고 했습니다. 그러나 달달박박은 방이 한 칸 밖에 없는데, 자기는 수도하는 사람이니 여자랑 한 방에 같이 잘 수 없다면서 다른 곳으로 가라고 거절했습니다.

 그 여자는 할 수없이 노힐부득이 수도하는 곳으로 갔습니다. 노힐부득은,

 "나는 수도를 하는 승려라서 여자랑 같이 자서는 안 됩니다. 이곳은 방이 하나 밖에 없으니 재워 드릴 수가 없습니다. 하지만 비가 이렇게 많이 오는데다가 밤이 깊었으니 다른 곳으로 갈 수도 없을 것입니다."

 지켜야 할 규칙보다 어려운 사람을 돕는 것이 더 중요하다면서 들어오라고 했습니다. 노힐부득은 아름다운 여자랑 같은 방에 있었지만, 평소와 다름없이 정신을 가다듬고 불경을 외웠습니다. 여자에게 마음을 빼앗겨 수도를 소홀히 해서는 안 되는 일이기 때문입니다. 밤이 깊어서 여자는 잠이 들었지만, 노힐부득은 잠을 자지 않고 밤을 새워 불경을 외우며 마음을 가다듬었습니다.

 날이 밝으려고 하는데, 여자가 아기를 낳으려 한다면서 도와 달라고 했습니다. 노힐부득은 무

살아가는 인물 열어가는 역사

척이나 부끄러웠지만, 도와주었습니다. 또 물을 따뜻하게 데워서 아기를 씻겼습니다. 여자도 씻도록 해 주었습니다. 그러자 여자가 씻은 목욕물이 황금빛으로 변하면서 향기가 진동했습니다.

노힐부득이 깜짝 놀라자, 여자가 노힐부득에게 그 물에 목욕을 하라고 했습니다. 목욕을 하고 난 노힐부득은 정신이 맑아지고, 몸이 깃털처럼 가벼워졌습니다. 그리고 살결이 황금빛으로 빛나기 시작했습니다.

목욕통 옆에는 연꽃모양으로 된 자리가 생겼습니다. 여자는 목욕을 마친 노힐부득에게 이렇게 말했습니다.

"나는 관세음보살인데, 스님이 깨달음을 얻었는지 시험하러 왔습니다. 아무리 규칙을 지키는 것도 좋지만, 불쌍한 중생을 구하는 것이 먼저라고 생각하는 큰 깨달음을 얻었으니 부처가 되십시오."

그리고는 연꽃모양으로 된 자리에 앉으라고 했습니다.

한편 달달박박은 어젯밤에 그 여자가 노힐부득에게 갔을 것이라 여기고 걱정이 되어 달려 왔습니다. 달달박박을 본 관음보살은,

"스님도 부처님 가르침을 잘 따라 수양해야 한다는 것을 깨달았으니 부처가 되십시오."

라며 황금목욕물에 씻으라고 했습니다. 그러자 달달박박도 부처가 되었습니다.

이렇게 노힐부득처럼 고통 받는 백성을 먼저 구해야 한다는 것은 대승불교이고, 달달박박처럼 자기 마음을 갈고 닦아서 깨달음을 얻어야 한다는 것은 소승불교입니다.

1. 노힐부득과 달달박박이 부처가 된 까닭은 무엇인가요?

요즘 사람은

우리나라에 있는 여러 종교

▶ 옛날에는 많은 사람이 불교를 믿었습니다. 지금도 마음대로 종교를 믿을 수 있는 자유가 있습니다. 여러 가지 종교에 대해서 생각해 봅시다.

우리나라에는 많은 종교가 있습니다. 그 가운데 많은 사람이 믿는 종교는 불교, 개신교, 천주교 등이 있습니다.

불교는 인도 왕자인 시타르타가 보리수나무 아래에서 깨달음을 얻어 만든 종교입니다. 불교에서는 자비로 모든 생명을 대하라고 합니다. 그리고 누구나 마음을 갈고 닦으면 부처가 될 수 있다고 합니다. 그래서 불교에는 석가모니불, 비로자나불, 약사여래불, 문수보살, 보현보살, 관세음보살 같은 부처가 많습니다. 불교를 믿는 신자는 부처님을 모신 '절'에서 소원을 비는데, '불공드린다'고 합니다. 절에서 신자를 이끌고 불공을 드리는 사람은 '승려'라고 합니다. 승려를 '중'이라고도 하는데, 결혼을 하지 않고 절에서 삽니다.

개신교는 하나님이 인간을 구원하기 위해 내려 보낸 아들인 예수와 하나님을 믿는 종교입니다. 예수는 원수를 사랑하라며 비록 적일지라도 미워하지 말라고 했습니다. 원래 인간이 죄를 지었으나, 예수가 모두 대신 짊어지고 죽었으니, 예수만 믿으면 구원을 받는다고 합니다. 개신교를 믿는 신자는 일요일마다 예수님을 모신 '교회'에서 기도를 하는데, '예배드린다'고 합니다. 교회에서 신자를 이끌고 예배를 보는 사람을 '목사'라고 합니다. 목사는 보통 사람처럼 결혼을 합니다.

천주교는 하나님을 믿는 종교입니다. 천주교를 믿는 신자는 일요일마다 '성당'에 모여 기도를 하는데, '미사드린다'라고 합니다. 성당에서 신자를 이끌고, 미사를 이끄는 사람을 '신부'라고 합니다. 신부도 승려처럼 결혼을 하지 않습니다.

그 밖에도 이슬람교, 힌두교, 통일교, 조선시대 때 최제우가 만든 천도교 등 수많은 종교가 있습니다.

누구나 종교를 믿으며 자기 소원을 신에게 빌고 마음에 평화를 얻을 수 있습니다.

생각하기

1. 종교를 믿으면 무엇이 좋을까요?

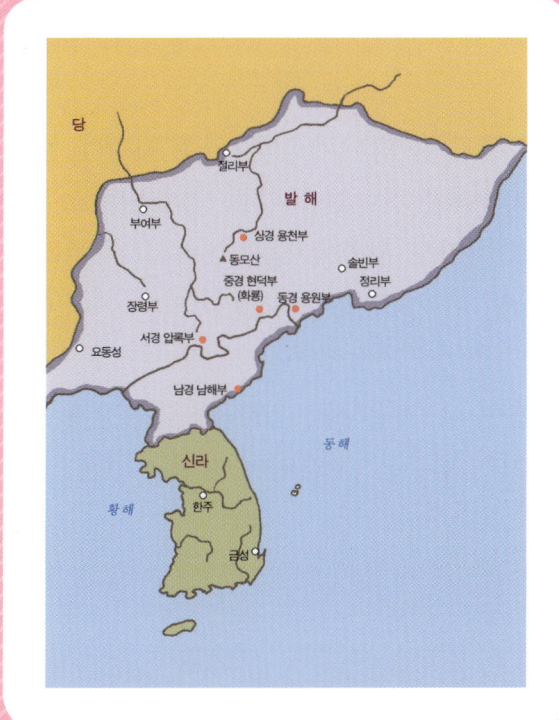

31

발해를 세운

대조영

(태어난 때 모름~719년, 발해를 세운 임금)

🔊 역사 연대기

698년 대조영이 진국을 세움
704년 김대문이 《화랑세기》와 《고승전》을 지음
723년 혜초가 인도로 여행을 떠남

🔊 학습목표

1. 대조영에 대해 알 수 있다.
2. 발해가 세워지는 과정에 대해 알 수 있다.
3. 발해가 고구려를 이은 나라인지 알 수 있다.
4. 중국이 발해를 자기 나라 역사라고 우기는 까닭을 알 수 있다.

 **인물 이야기**

옛 고구려 땅에 발해를 세운 대조영

고구려를 멸망시킨 당나라는 많은 고구려 사람을 강제로 끌고 가 당나라 땅인 영주 지방에 살게 했습니다. 멀고 낯선 땅으로 보내서 힘을 합치지 못하게 하려는 것이었습니다. 당나라는 고구려 사람뿐만 아니라 고구려에서 살고 있던 말갈 사람, 거란 사람도 영주에 살게 했습니다. 여러 나라 사람이 살게 되자 당나라는 군대를 두어 감시했습니다. 조영도 고구려 장군이었던 아버지 걸걸중상과 함께 영주에 살고 있었습니다.

그런데 영주를 다스리던 조문홰가 당나라 사람이 아니면 몹시 학대하고, 많은 세금을 강제로 거두어 들였습니다. 그러자 거란 사람이 반란을 일으켰습니다. 영주는 큰 혼란에 빠졌습니다.

"아버지, 우리도 우리를 괴롭히는 당나라와 싸워요"

아버지 걸걸중상과 조영도 말갈 추장인 걸사비우와 함께 고구려 사람과 말갈 사람을 이끌고 반란에 참여했습니다.

당나라는 반란을 진압하기 위해 북쪽에 사는 돌궐과 힘을 합쳐 공격했습니다. 거란 사람이 무너지자 고구려와 말갈 사람은 당나라 군대를 피해서 요하를 건너 동쪽으로 갔습니다. 당나라는 거란 출신 장군인 이해고에게 고구려와 말갈 사람을 무찌르라고 명령했습니다.

당나라 군사와 맞서서 기나긴 싸움을 하다 걸걸중상과 걸사비우가 숨을 거두었습니다. 이제 조영이 고구려 사람과 말갈 사람을 이끄는 지도자가 되었습니다.

조영은 쫓아오는 당나라 군대를 깊은 산 속으로 끌어들였습니다. 그리고는 군사를 백두산 서쪽 아래 아주 험한 고개인 천문령 숲속에 숨겼습니다. 이해고는 뒤쫓는 데에만 정신이 팔려서 숲속 깊숙이 들어왔습니다.

험한 숲속에서 공격을 받은 당나라 군사는 제대로 싸워보지도 못하고 목숨을 잃고 말았습니다. 천문령전투에서 패한 당나라군은 더 이상 쫓아오지 못했습니다.

조영은 군사와 백성을 이끌고 송화강을 건너 동모산으로 갔습니다. 이곳은 옛 고구려 땅이었습니다. 조영은 동모산에 궁궐과 성을 짓고, 도읍으로 정했습니다. 힘이 사방에 떨쳐질 만큼 크다는 뜻으로 나라이름을 '진국'으로 정하고 백성에게 말했습니다.

"우리는 고구려 후손입니다. 나와 함께 고구려 모습을 다시 찾고, 고구려 정신을 이어갑시다."

새로운 나라 임금이 된 조영은 크다는 뜻으로 '대'라는 성을 지어 대조영이 되었습니다.

대조영은 당나라가 침략해 오는 것에 대비하기 위해 둘레 나라와 친하게 지내려고 노력했습니다.

먼저 당나라와 진국 사이에 있는 돌궐에 사신을 보내고, 신라에도 보냈습니다. 신라는 대조영에게 높은 벼슬을 내리고 귀족으로 인정했습니다. 당나라도 진국이 점점 강해지자, 어쩔 수 없이 사이좋게 지내자고 했습니다. 사신을 보내 대조영을 왕으로 인정한다는 뜻으로 '발해군왕'이라고 불렀습니다. 이때부터 진국을 '발해'라고 부르기 시작했습니다.

발해가 세워지자 우리나라는 남쪽에는 신라, 북쪽에는 발해가 있는 남북국 시대가 되었습니다.

1. 대조영이 당나라 군대를 크게 무찌른 전투는 무엇인가요?

그때 사람은

발해는 고구려를 이은 나라

　발해를 세운 대조영은 고구려 사람이었습니다. 뒤를 이은 발해 임금도 스스로를 고구려를 이어받은 사람이라고 생각했습니다. 발해 문왕은 일본에 보내는 문서에도 스스로를 '고려왕'이라고 하며 '우리는 고구려 영토를 회복하고, 부여 전통을 이어 받았다'고 했습니다. 일본이 발해에 문서를 보낼 때도 발해왕을 '고려왕'이라고 불렀습니다. 또 ≪속일본기≫라는 일본 역사책에도 발해에서 일본으로 온 사신을 고려 사신으로 기록하고 있습니다.

　신라에서도 발해를 고구려를 이어받은 나라로 생각했습니다. 신라 학자인 최치원이,

　"당나라가 고구려를 무찔렀는데, 그 고구려는 지금 발해가 되었다."

라고 말한 것을 보면 알 수 있습니다.

　발해는 고구려 사람과 말갈 사람을 비롯해 여러 민족이 모여서 만든 나라입니다. 그러나 발해를 다스리는 것은 고구려 사람이었고, 일반 백성은 주로 말갈 사람이었습니다. 발해가 고구려를 이어받았기 때문에 고구려 사람이 높은 지위에 오를 수 있었습니다.

　발해 문화를 보면 고구려 문화를 바탕으로 한 것을 쉽게 찾을 수 있습니다. 무덤 속에 벽화를 그리는 것과, 방바닥에 온돌을 놓아 집을 따뜻하게 하는 온돌문화, 그리고 기와에 새겨진 연꽃무늬, 지붕 끝을 장식하는 기와인 치미 모양이 고구려 것과 거의 비슷한 것을 보면 고구려 문화에서 영향을 많이 받았음을 알 수 있습니다.

그러나 발해 사람은 고구려 문화 뿐만 아니라 당나라 문화도 받아들여 독특한 문화를 발달시켰습니다. 발해 무왕 딸인 정효공주 무덤을 보면 벽돌로 쌓는 당나라 양식과 돌로 공간을 줄여나가면서 천장을 쌓는 고구려 양식을 모두 볼 수 있습니다. 또한 무덤 위에 탑을 쌓았는데, 이것은 바로 발해에서만 볼 수 있는 독특한 양식입니다.

고구려 문화에 영향을 받은 발해 유물 비교

〈고구려 기와〉　　〈발해 기와〉　　〈고구려 치미〉　〈발해 치미〉

기와에 새겨진 연꽃무늬가 비슷함　　　　크기는 다르나 모양은 비슷함

탐구하기

1. 발해가 고구려를 이어받은 나라인 것은 어떤 점을 보고 알 수 있나요?

　첫째, 발해를 세운 대조영은 (　　　　　　　)이었습니다.

　둘째, 발해를 다스리는 것은 (　　　　　　)이었고, 일반 백성은 주로 (　　　　　)이었습니다.

　셋째, 발해 문화를 보면 (　　　　　　　)를 바탕으로 한 것을 쉽게 찾을 수 있습니다.

요즘 사람은
발해를 자기 나라 역사라고 우기는 중국

▶ 발해는 고구려 사람인 대조영이 세우고 고구려 문화를 이어받은 우리나라입니다. 그러나 중국은 발해를 자기 선조가 살았던 곳에 세웠다며 자기네 나라라고 주장합니다. 중국이 발해를 자기네 역사라고 우기는 것에 대해 생각해 봅시다.

'당 발해국 조공도'가 새겨진 비석

발해는 우리나라 사람인 대조영이 세운 나라인데도 중국은 자기 나라라고 우깁니다. 그래서 얼마 전에 중국 정부가 백두산 관광객이 다니는 지린성 안투현 길가에 붉은 글씨로 '당 발해국 조공도'라는 비석을 세웠습니다. 지방정부인 발해가 당나라에게 조공을 바치러 다니던 길이라는 뜻입니다.

이처럼 중국 사람은 발해를 자기 선조가 세운 나라인 당나라에 속한 지방정부라고 주장하고 있습니다. 발해가 자기 영토 안에 있던 나라니까 발해 역사는 대한민국과는 관계없는 중국 역사라며 우기고 있는 것입니다. 중국 교과서에도 '발해는 말갈족이 세운 나라로 당나라 현종이 우두머리를 도독으로 삼아 발해군왕으로 불렀다'고 기록되어 있습니다.

그러면 왜 중국이 발해를 자기 나라 역사라고 우기는 걸까요?

발해가 있던 땅을 우리는 '만주'라고 부릅니다. 이 지역은 우리 민족이 다스리던 곳입니다.

발해뿐만 아니라, 고조선과 고구려가 세워졌던 곳이기 때문입니다. 그러나 중국은 '만주'라는 이름을 사용하지 않고 '중국 동북지구'라고 부릅니다. '만주'라고 부르면 한국 땅이라는 생각이 들기 때문입니다. 만주에는 조선족이라는 한국 사람이 많이 살고 있으니까 남한과 북한이 통일되면 만주 땅까지 우리나라가 힘을 뻗칠까봐 두려워하기 때문입니다. 그러다 보니 발해가 중국 역사라고까지 우기게 된 것입니다.

생각하기 1. 중국은 발해를 왜 자기네 역사라고 우기는 것인가요?

32

비단길을 연 고구려 후손,

고선지

(태어난 때 모름~755년, 당나라 장군)

🔊 역사 연대기

668년 고구려가 신라와 당나라 연합군에 의해 멸망함
747년 1차 서역 정벌을 함
751년 탈라스 전투가 벌어짐

🔊 학습목표

1. 고구려 멸망 뒤 고구려 유민에 대해 알 수 있다.
2. 고구려 유민 출신 장군 고선지에 대해 알 수 있다.
3. 탈라스 전투와 동 서양 문화교류에 대해 알 수 있다.

비단길을 열어라

고구려를 무너뜨린 당나라는 용맹스런 고구려 사람이 다시 나라를 세우지 못하도록 20여만 명이나 당나라로 끌고 갔습니다. 당나라에서 노예가 되어 나라 없는 설움을 겪어야 했습니다. 노예에서 벗어나는 길은 군인이 되는 것뿐이었습니다.

고선지는 당나라에서 태어났습니다. 아버지인 고사계는 고구려 왕족 출신이지만, 모진 고생 끝에 당나라군에 들어가 만리장성 서쪽 끝인 하서 지역을 지키는 군인이 되었습니다.

어느 날 밖에서 놀던 고선지가 울면서 들어왔습니다. 아이들이 '고구려 놈'이라고 놀리며 때렸기 때문입니다.

"선지야, 맞은 게 아파서 우느냐?"

고사계가 물었습니다.

"아닙니다. 걸핏하면 고구려 놈이라고 놀리니 억울합니다."

고선지는 눈물을 글썽이며 대답했습니다.

"선지야, 너는 용맹하고 훌륭한 고구려 후손이란다."

아버지는 고선지에게 고구려가 얼마나 강한 나라였고, 넓은 만주 벌판에 나라를 세운 조상이 얼마나 훌륭하고 용맹스런 사람이었는지 말해 주었습니다. 비록 나라는 없어졌지만, 고구려 정신만은 지키고 살아야 한다는 말에 고선지는 힘을 얻었습니다. 고선지는 아버지에게 말타기, 활쏘기 같은 무예를 배우며 늠름하고 용맹스런 젊은이가 되었습니다.

청년이 된 고선지는 벼슬이 높아진 아버지를 따라 하서보다 더 서쪽인 안서지방으로 옮겨갔습니다. 안서지방은 험한 산과 사막이 많아 사람이 살기 힘든 곳입니다. 그러나 아라비아와 인도로

살아가는 인물 열어가는 역사

가는 길목이어서 나라끼리 서로 차지하려고 전쟁이 자주 일어났습니다. 고사계는 외적을 막고, 상인을 보호하는 일을 했습니다. 고선지도 아버지를 따라 크고 작은 전투에서 공을 세우고, 이십 대에 벌써 유격대장이 되었습니다. 그러자 토번(티벳)을 비롯해 몽고족, 돌궐족이 고선지를 매우 두려워했습니다.

고선지는 톈산산맥 서쪽인 달해부를 정벌해 안서도호부를 세웠습니다. 고선지가 이끄는 군사는 파미르고원과 고비사막과 힌두쿠시산맥을 넘나들며 사라센 제국과 동맹을 맺은 소발률국(파키스탄 길기트)과 석국(우즈베키스탄 타슈켄트시) 갈사국(우즈베키스탄 사마르칸트) 등 72개나 되는 나라를 쳐서 당나라에 조공을 바치게 했습니다. 고선지 덕분에 당나라는 서쪽으로 땅을 더욱 넓혀, 중앙아시아까지 다스리게 되었습니다.

고선지는 뛰어난 전략과 넉넉한 마음으로 병사를 감싸며 힘든 원정에서 네 차례나 승리했습니다. 고선지는 비록 당나라 장수지만, 늠름한 고구려 기상을 서양에 알린 사람입니다.

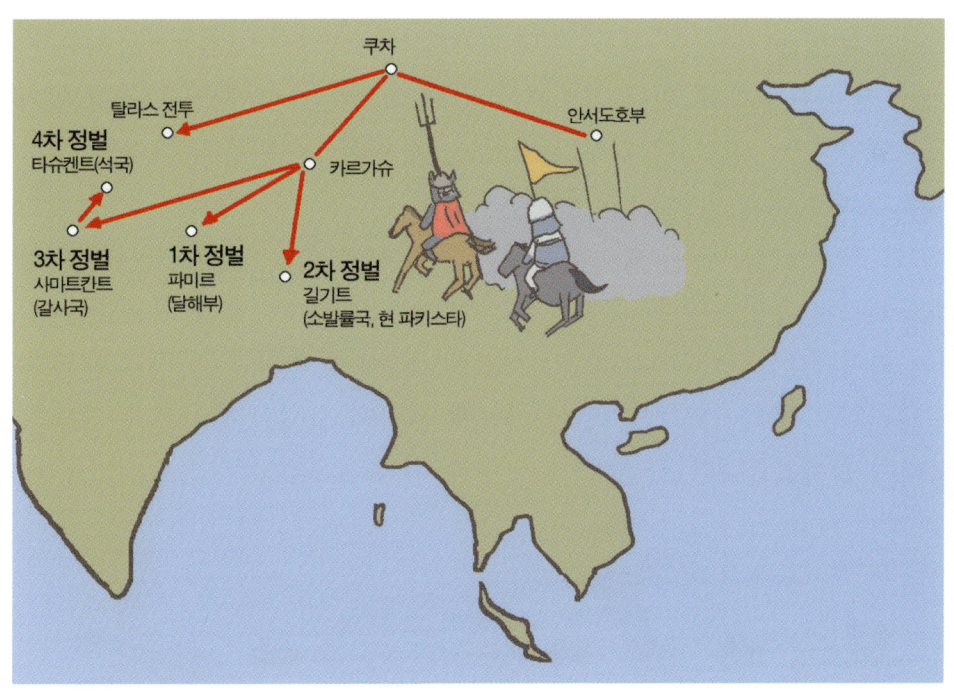

탐구하기

1. 고선지가 정벌한 나라를 차례대로 지도에서 찾아 쓰세요.

1차 :　　　　　　2차 :　　　　　　3차 :　　　　　　4차 :

 그때 사람은

동양문화와 서양문화를 만나게 해준 전쟁

전쟁은 많은 희생이 따르지만, 새로운 문화를 쉽게 만나는 기회가 됩니다. 고선지가 이끈 당나라군과 이슬람군이 크게 싸웠던 탈라스전투는 처음으로 동양과 이슬람세계가 맞서 싸운 전쟁이며, 이 전쟁으로 서양문화와 동양문화가 서로 만나게 되었습니다.

이 전쟁에서 포로가 되어 이슬람나라 곳곳으로 끌려간 당나라 군사 가운데는 종이 만드는 사람, 비단 베틀을 만드는 사람, 금과 은을 잘 다루는 사람이 있었습니다. 이들은 이슬람나라 사람에게 새로운 기술을 가르쳐 주었습니다. 당나라군은 비록 전쟁에 졌지만, 당나라 문화가 이슬람나라를 거쳐 서양에 전해지면서 서양 문화를 발전시켜 주었습니다.

그전까지 서양에서 종이는 아주 귀한 물건이었습니다. 종이는 한꺼번에 많은 것을 기록할 수 있습니다. 또 가볍고 질깁니다. 중앙아시아나 아랍 사람도 종이를 쓰긴 했지만, 당나라에서 사왔기 때문에 비싸고 귀했습니다.

서양에서는 종이 대신 흙으로 만든 점토판이나, 풀로 만든 파피루스, 그리고 양가죽으로 만든 양피지를 쓰고 있었지만, 점토판은 너무 무거웠고, 파피루스는 만들기 어려웠으며, 양피지는 값이 비싸서 아주 부자가 아니면 쓸 수 없었습니다.

사라센 수도인 사마르칸트에 온 당나라 기술자가 종이 공장을 차리고, 사라센 사람에게 종이 만드는 방법을 가르쳐 주었습니다. 종이 만드는 기술은 바그다드로 전해지고, 이집트 카이로를 거쳐 유럽까지 퍼져나갔습니다. 이탈리아는 이슬람나라에서 배워 온 기술로 만든 종이를 오히려 이슬람 여러 나라로 수출하기도 했습니다. 이렇게 유럽에 전해진 종이는 인쇄술을 발달시키고, 유럽 문화를 더 발전시켰습니다.

〈종이 만드는 과정〉

살아가는 인물 열어가는 역사

　당나라는 탈라스전투가 끝난 뒤, 이슬람나라에 사신을 보내며 사이좋게 지냈습니다. 이때 사막을 건너온 상인을 통해 이슬람과 중앙아시아에서 나오는 진귀한 보물과 이슬람교, 조로아스터교 같은 종교가 당나라에 들어왔습니다.

　이슬람 상인은 당나라에서 비단을 사 가기 위해 파미르고원을 넘어 타클라마칸사막을 건너왔습니다. 상인이 주로 가져온 물건은 유리, 금은 세공품, 모직물이었습니다. 피땀을 흘리며 하루에 천리를 달린다는 한혈마도 이때 들어왔습니다. 이슬람 상인은 당나라뿐만 아니라 동쪽으로 더 나아가 신라까지 오고 갔습니다. 유리병, 공작을 비롯한 여러 가지 새 깃털 장식, 보석인 슬슬전(주옥)같은 것이 신라에 전해졌습니다. 이슬람나라를 비롯한 서역 사람은 당나라나 신라에서 장사뿐만 아니라 벼슬길에 나가기도 했습니다.

　영국 고고학자인 스타인 경은 '고선지야말로 나폴레옹과 한니발보다 더 뛰어난 최고 장군'이라고 말했습니다. 고선지가 11년 동안 다섯 차례나 대군을 이끌고, 파미르 고원과 힌두쿠시산맥, 톈산산맥 같은 험한 산을 넘어간 서역원정은 동·서양 문화가 만나는 기회가 되었기 때문입니다.

 탐구하기

1. 포로가 된 당나라 사람이 이슬람 사람에게 전해준 기술은 무엇인가요?

2. 신라에 들어온 서역 상인이 가져온 물건은 무엇이 있었나요?

요즘 사람은
미국문화가 들어 온 한국전쟁

▶ 당나라와 이슬람 제국이 전쟁을 하면서 많은 문화가 전해진 것처럼 한국전쟁 때 미군이 들어오면서 미국 문화가 많이 들어왔습니다. 우리 생활 속에 파고든 미국문화를 살펴봅시다.

1950년부터 1953년에 걸쳐 우리나라에서 일어난 한국전쟁은 유엔군과 중국, 소련군이 전쟁에 참여했기 때문에 스물다섯 개나 되는 나라에서 전쟁을 하기 위해 우리나라로 왔습니다. 그때 외국 군인을 통해서 그 나라 생활방식이나 종교, 문화 등이 들어왔습니다.

한국전쟁이 끝나고 남한에 남은 미군은 우리나라에 미국문화를 많이 소개했습니다. 지금은 흔히 볼 수 있는 껌, 초콜릿, 콜라도 미군을 통해서 우리나라에 들어왔습니다. 신문과 라디오가 전국에 퍼지면서 미국에서 들어온 노래가 유행했습니다. 일제강점기 때부터 불러온 노래인 트로트와 함께 팝송이나 록, 재즈 같은 미국 노래를 부르는 가수가 많아졌습니다.

텔레비전이 들어오기 전까지 영화는 많이 즐기는 오락거리였는데 미국에서 들어온 영화를 좋아했습니다.

학교 제도도 초등학교를 6년 다니고, 중학교와 고등학교는 각각 3년씩 다니는 미국 제도를 그대로 따랐습니다.

미군 군복과 나일론 옷도 많이 입게 되었습니다. 목화로 짠 옷감인 면보다 가볍고 잘 늘어났다 줄어드는 나일론으로 만든 양말이나 옷이 없으면 멋쟁이가 되지 못할 정도였습니다. 가난한 사람은 미군이 입던 군복에 다른 색깔로 물을 들여 입었습니다. 군복은 질기고 튼튼해 형편이 어려운 사람에게 일 년 내내 사랑받는 옷이 되었습니다.

하지만 미국문화를 무조건 따라하는 것을 걱정하는 목소리도 커지고 있습니다. 미국문화를 자꾸 따라하다 보면 중요한 우리 문화를 잃어버릴지도 모르기 때문입니다.

생각하기
1. 왜 미국 문화를 따라하는 것을 걱정할까요?

33

아사달과 아사녀

(나고 죽은 때 모름, 통일신라 시대 석공과 아내)

🔊 역사 연대기

676년 기벌포전투에서 신라가 당나라군을 무찌름
742년 경덕왕이 왕위에 오름
751년 불국사 석가탑이 완성됨

🔊 학습목표

1. 통일신라 시대에 발달한 불교문화재를 알 수 있다.
2. 절을 지을 때 탑을 만든 까닭을 알 수 있다.
3. 우리나라에 석탑이 많은 까닭을 알 수 있다.
4. 요즘 사람이 높은 건물을 세우는 까닭을 알 수 있다.

인물 이야기

석가탑에 얽힌 전설

경주 토함산 중턱에 자리 잡은 불국사에는 석가탑이라는 3층 석탑이 있습니다. 원래 이름은 '석가여래상주설법탑'인데, 석가탑으로 줄여서 부릅니다. 이 석가탑을 만든 것은 아사달입니다.

아사달은 옛 백제 땅인 부여에서 탑을 만드는 기술이 뛰어나 소문이 자자했는데, 나라에서 불국사를 짓기 위해 경주로 불렀습니다. 솜씨 좋은 기술자에게 불국사 짓는 일을 맡기고 싶었기 때문입니다.

불국사 – 경북 경주

아사달은 먼 경주까지 가는 것이 내키지 않았습니다. 하지만 백제는 이미 망하고, 신라로 통일이 된 상태이므로 명령을 어길 수 없었습니다. 할 수 없이 아사달은,

"탑 하나만 만들면 되니까 끝나는 대로 얼른 돌아올 게요."

부인에게 이렇게 말하고는 경주로 갔습니다.

경주로 온 아사달은 얼른 일을 마치고 부여로 돌아가기 위해 석탑을 만드는 일에만 모든 정성을 쏟았습니다. 그러나 일은 빨리 끝나지 않았습니다.

아사녀는 탑을 만들러 간 남편이 3년이 넘도록 돌아오지 않자, 그리운 남편을 만나기 위해 경주로 왔습니다.

"저는 아사녀입니다. 부여에서 온 아사달님을 만나게 해 주세요!"

살아가는 인물 열어가는 역사

아사녀는 탑을 만드는 책임자에게 간곡히 부탁했으나, 부처님을 모시는 탑을 만드는 곳에 여자가 드나들 수 없다며 탑이 완성되기 전에는 아사달을 만날 수 없다고 했습니다.

답답한 아사녀는 책임자에게 또 물었습니다.

"탑이 완성되려면 얼마나 더 기다려야 하나요?"

"탑이 완성되면 저기 영지라는 연못에 탑 그림자가 비칠 것입니다."

그 말을 듣고 아사녀는 탑이 완성되기만을 애타게 기다렸습니다. 탑이 완성되면 연못에 그림자가 비칠 것이라는 말을 믿고 날마다 연못가를 서성거렸지만, 아무리 기다려도 탑 그림자는 비치지 않았습니다.

석가탑-경북 경주

하루도 빠지지 않고 연못가를 서성이며 탑이 완성되기를 빌던 어느 날, 연못에 탑 그림자가 비쳤습니다. 그런데 아사녀 눈에는 연못에 비친 탑 그림자가 남편인 아사달로 보였습니다. 아사달을 너무 그리워한 나머지 아사녀는 남편을 향해 연못 속으로 들어갔습니다.

그때 마침, 석탑을 완성한 아사달은 아사녀가 와서 기다린다는 말을 전해 듣고 연못가로 한걸음에 달려갔습니다. 하지만 이미 아사녀는 물에 빠져 숨을 거둔 뒤였습니다. 아사녀가 죽은 것을 알고 슬퍼하며 통곡하다가 아사달도 연못 속으로 뛰어들고 말았습니다.

그 뒤부터 영지에는 석가탑 그림자가 비치지 않았다고 합니다. 그래서 석가탑을 무영탑이라고도 불렀습니다.

1. 아사녀는 왜 연못에 빠져 죽게 되었나요?

2. 석가탑은 왜 무영탑으로도 부르게 되었나요?

그때 사람은

탑을 만드는 재료가 나라마다 달라요.

절에 가면 마당에 탑이 서 있는 것을 볼 수 있습니다. 절 마당에 왜 탑을 세웠을까요? 그리고 탑은 무엇으로 만들었을까요?

탑은 부처님 '사리'를 모시기 위해 세운 것입니다. 석가모니가 죽은 뒤 그 몸에서 나왔다는 구슬이 바로 사리입니다. 그러니까 사리는 '부처님 몸'이 되는 것이고, 그것을 모시기 위해 세운 탑은 바로 무덤이 되는 것입니다.

그렇다고 모든 탑에 부처님 사리가 들어 있는 것은 아닙니다. 사리를 넣지 못할 때에는 부처님 가르침인 '불경'을 적은 종이를 넣기도 합니다. 불국사 석가탑에는 '무구정광대다라니경'이 들어있었는데, 무구정광대다라니경은 나무로 찍은 목판인쇄물 가운데 세계에서 가장 오래된 것입니다.

이처럼 옛날 사람은 절을 짓고 절 마당에 탑을 세운 뒤 사리나 불경을 적은 종이를 넣어 부처님 몸과 정신을 모셔두었다고 합니다. 그래서 탑 둘레를 돌며 소원을 빌기도 합니다. 탑도 불상처럼 부처님이라고 생각하기 때문입니다.

불국사에 있는 석가탑과 다보탑은 모두 돌로 만든 석탑입니다. 탑은 우리나라뿐만 아니라 일본, 중국에 있는 절에서도 많이 볼 수 있는데, 세 나라를 서로 비교해 보면 탑을 만든 재료가 각각 다른 것을 알 수 있습니다. 중국은 검은 회색 또는 회색 벽돌로 쌓아 올린 전탑이 많은 편입니다. 그리고 한국은 석탑, 일본은 목탑이 많습니다.

이렇게 나라마다 다른 재료로 탑을 만든 까닭은 각 나라마다 자연환경이 다르기 때문입니다.

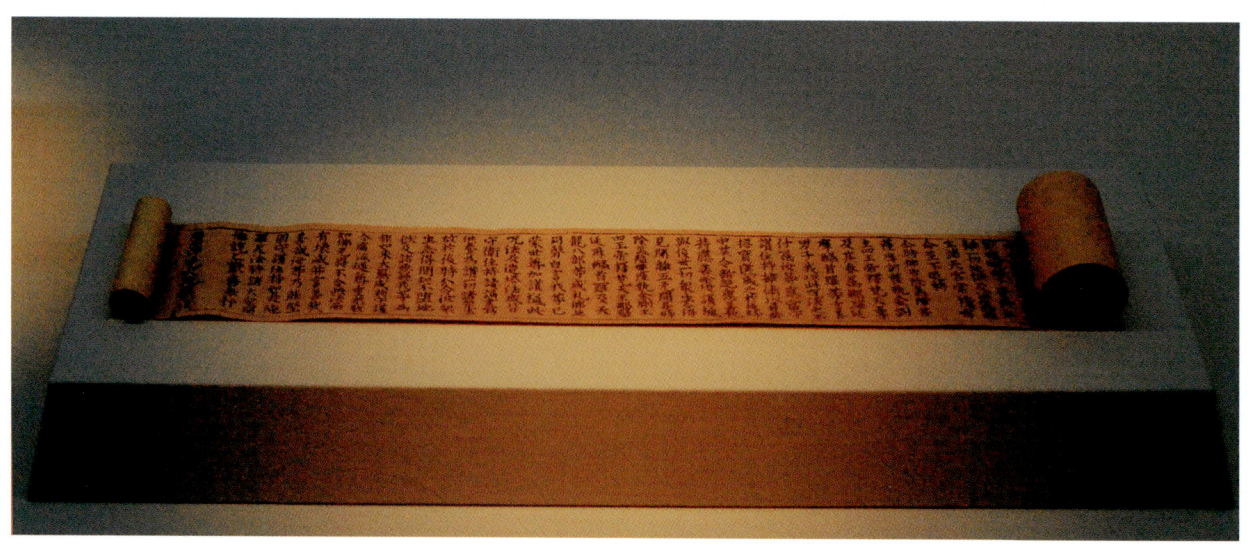

무구정광대다라니경

중국은 황하와 같은 큰 강이 많습니다. 강가에는 강물이 넘칠 때마다 고운 황토가 두껍게 쌓입니다. 이 황토로 벽돌을 구워 탑을 쌓았습니다.

일본은 화산 지형이라 검고 푸석푸석한 돌이 많습니다. 이 돌은 깎아서 모양을 만들기가 어렵습니다. 그리고 일본 땅에는 벽돌을 만들기 좋은 진흙도 없습니다. 그렇지만 기후가 따뜻하고 나무가 잘 자라서 질 좋은 나무가 많습니다. 일본에 있는 '히노키'라는 나무는 잘 썩지도 않고 오래 갑니다. '호류사'라는 절은 히노키 나무로 지었는데, 천년이 지난 지금까지 남아 있는 건물도 있습니다. 나무로 지은 목조건물 가운데 세계에서 가장 오래된 것입니다. 이렇게 좋은 나무가 많아서 일본 사람은 목탑을 쌓았습니다.

우리나라는 옛날부터 질 좋은 돌이 많아서 석탑이 발달했습니다. 벽돌로 쌓은 '전탑'이나 돌을 벽돌 모양으로 다듬어 전탑 모양으로 만든 '모전석탑'도 있었고 나무로 만든 '목탑'도 많았습니다. 그러나 나무는 썩거나 불에 타기 쉽고, 벽돌은 굽기가 어려워서 목탑이나 전탑을 점점 꺼리게 되었습니다. 좋은 돌은 어디에서나 쉽게 구할 수 있기 때문에 중국이나 일본과는 다르게 석탑을 주로 만들게 되었습니다.

이렇게 탑은 그 나라에서 나오는 재료로 쌓았기 때문에 나라마다 서로 다른 특징을 갖게 된 것입니다.

목탑(법주사 팔상전)-충북 보은

전탑(조탑리 전탑)-경북 안동

석탑(정림사지 5층석탑)-충남 부여

탐구하기

1. 절 마당에 세워둔 탑 안에는 무엇을 넣었나요?

2. 우리나라에 석탑이 많은 까닭은 무엇인가요?

요즘 사람이 만든 탑과 건축물

▶ 옛날에는 부처님 몸에서 나온 사리나 불교 물건을 넣어서 모시기 위해 탑을 세웠습니다. 요즘 사람도 탑을 세우는 것에 대해서 생각해봅시다.

옛날 사람이 탑을 세운 것처럼 요즘 사람도 탑을 세웁니다. 요즘 세우는 탑은 대부분 도시가 자랑할 수 있는 상징물이 되고 있습니다.

세계 여러 탑 가운데 가장 많이 알려진 것은 프랑스 파리에 있는 '에펠탑'입니다. 높이는 300미터로, 처음에는 경치를 해친다고 없애려 했지만, 무전과 텔레비전 송신탑으로 사용하려고 남겨 두었습니다. 지금은 파리를 대표하는 관광지가 되었습니다.

말레이시아에 있는 '페트로나스 트윈타워'는 높이 452미터인 쌍둥이 빌딩입니다. 한국과 일본이 각각 한 채씩 지었습니다.

캐나다 토론토에 있는 'CN타워'는 높이가 약 553미터입니다. 이 탑은 텔레비전과 라디오 전파를 내보내기 위해 세운 것으로, 16개 텔레비전과 라디오 방송국에서 전파를 내보냅니다. 그러나 관광객에게는 토론토를 대표하는 상징물로 더 많이 알려져 있습니다. 긴 로켓 모양인데, 맑은 날에는 447미터 높이에 자리 잡고 있는 전망대에서 120km나 떨어진 나이아가라폭포도 볼 수 있습니다.

아랍에미리트 두바이에 세워진 '부르즈칼리파'는 높이가 800미터도 넘는다고 합니다. 800미터면 세계에서 가장 높은 건물입니다.

세계 많은 나라들이 서로 앞을 다투어 가장 높은 건축물을 지으려고 경쟁하다보면 얼마나 더 높은 건축물이 세워질지 알 수 없습니다.

에펠탑

트윈타워

CN타워

부르즈칼리파

1. 왜 더 높은 건물을 세우려고 경쟁할까요?

34

부처님 가르침을 찾아
다섯 천축국으로 간

혜초

(태어난 때 모름~789년, 신라 시대 승려)

역사 연대기

713년 당나라가 대조영을 발해군왕으로 책봉 함
723년 혜초가 다섯천축국(인도)으로 여행을 떠남
750년 당나라군과 이슬람군이 탈라스에서 전투를 함
751년 김대성이 불국사를 지음

학습목표

1. 혜초가 쓴 《왕 오 천축국전》에 대해 알 수 있다.
2. 혜초가 한 인도 여행과정을 알 수 있다.
3. 해외반출문화재에 대해 알 수 있다.

부처님 가르침을 찾아 다섯 천축국으로 간 혜초

신라가 통일을 한 뒤 많은 사람이 불교를 믿었습니다. 임금이나 귀족뿐만 아니라 백성도 불교를 믿으며 부처님 가르침대로 살려고 했습니다. 사람은 가난하고 힘들어도 좋은 일을 많이 하고 마음을 닦으면 다음 세상에서는 부잣집에서 태어날 것이라고 믿었습니다. 그래서 절을 찾아 불공을 드리고, 절을 짓고, 불상을 세우기도 하며, 승려가 되기도 했습니다.

혜초도 어린 나이에 승려가 되었습니다. 그리고 열여섯 살이 되자, 불교를 더 깊이 공부하기 위해 당나라로 떠났습니다.

당나라에 간 혜초는 승려인 금강지 밑에서 제자가 되어 불교를 더 깊이 배웠습니다. 인도 사람인 금강지는 여러 불교를 공부하고, 당나라로 와서 불교를 널리 알리고 있었습니다.

어느 날 열심히 공부하는 혜초에게 스승인 금강지가 말했습니다.

"혜초야, 인도로 한 번 가보지 않겠느냐? 인도에 가서 부처님이 남긴 발자취를 직접 본다면 불교 공부에 더 많은 도움이 될 듯하구나. 하지만 인도로 가는 길은 멀고 험하여 살아 돌아온 사람이 백에 하나도 없다고 할 정도이니, 깊게 생각해 보아라."

혜초는 더 깊은 깨달음이 있다면 그 길이 아무리 멀고 험하다 해도 이겨낼 수 있다고 생각했습니다. 스무 살이 된 혜초는 당나라 광주에서 인도로 가는 배에 몸을 실었습니다. 그 배는 부처님 가르침을 찾아가는 당나라나 신라 승려와 인도를 거쳐 멀리 이슬람을 오가며 물건을 파는 장사꾼으로 북적거렸습니다.

살아가는 인물 열어가는 역사

그때 사람이 천축국이라고 부른 인도는 다섯 나라로 나누어져 있었습니다. 혜초가 처음 도착한 곳은 동천축국이었습니다. 석가모니가 깨달음을 얻은 부다가야를 비롯해, 처음으로 설교를 한 녹야원 등 불교 성지와 유적지를 두루 둘러보았습니다. 약 4년 동안 동천축국, 서천축국, 남천축국, 중천축국과 대식국을 여행했습니다. 혜초는 여행을 하면서 보고 들은 일을 틈틈이 글로 썼습니다. 또 여행을 하다 힘들 때면 고향이나 부모님을 떠올리며 쓴 시를 여행기인《왕 오 천축국전》에 남겼습니다.

천축국을 둘러보고 다시 둘레 나라를 여행한 혜초는 파미르고원을 넘어 쿠차를 지나 8년 만에 당나라 수도인 장안으로 돌아왔습니다.

당나라로 돌아온 혜초는 여러 절을 다니며 불교 경전을 연구했습니다. 천복사에서 스승인 금강지와 함께 인도 산스크리트어로 된 불교 경전을 소리 나는 대로 옮겨 적었다가 그것을 다시 한문으로 번역하는 일을 했습니다. 혜초는 금강지가 죽자 뒤를 이은 불공삼장에게 불교 경전에 대한 가르침을 더 받아 불공삼장 여섯 제자 가운데 한 사람이 되었습니다. 불공삼장은,

"30여 년 동안 가르친 여러 제자 가운데 신라에서 온 혜초가 가장 뛰어나다."

칭찬했습니다. 나이가 들자 혜초는 당나라에 있는 보리사에서 불교를 연구하고 퍼트리는 일을 하며 살았습니다.

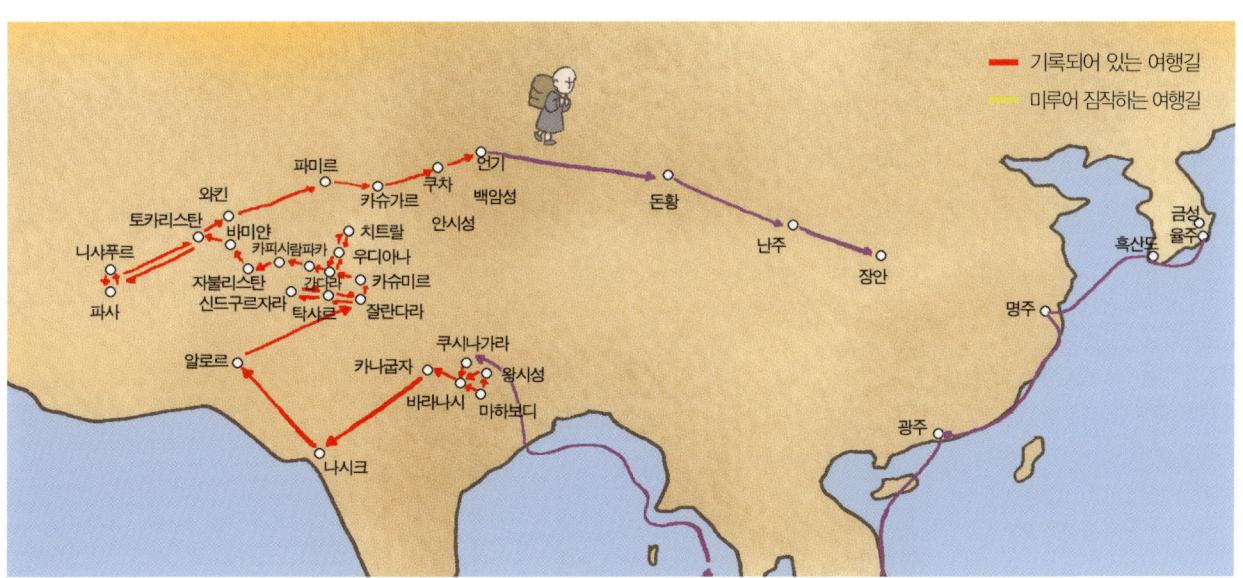

1. 혜초가 인도를 여행하며 보고 들은 일을 쓴 여행기 제목은 무엇인가요?

그때 사람은

≪왕 오 천축국전≫은 어떤 책인가?

석가모니가 태어나 불교를 일으킨 나라인 인도와 둘레 여러 나라를 둘러 본 뒤, 혜초는 729년 무렵, 세 권으로 된 여행기를 썼습니다. 하지만 처음에 쓴 책은 없어졌고, 내용을 간추려 쓴 책만 남아 있습니다.

1908년에 프랑스 사람인 펠리오가 중국 둔황 천불동 석굴에 있던 수많은 옛 책을 헐값에 사 갔습니다. 한자를 알고 있던 펠리오는 가져간 책을 연구하다 말로만 전해지던 ≪왕 오 천축국전≫을 찾아냈습니다. 이 책은 8세기 무렵, 인도와 서역 여러 나라에 대한 종교와 풍속이 자세히 기록되어 있는 단 하나 뿐인 책입니다. 또 우리나라 사람이 처음 쓴 여행기록문입니다.

오 천축국 풍속

천축국은 동, 서, 남, 북, 중천축국 이렇게 다섯 나라로 나누어져 있습니다. 그 가운데 중천축국이 가장 힘이 세어서 다른 네 나라는 중천축 임금에게 해마다 선물을 바칩니다. 천축국은 코끼리를 얼마나 가지고 있느냐에 따라 부자와 가난한 사람을 구별하는데, 중천축국 임금은 코끼리 9백 마리를 가지고 있어서 가장 부자입니다.

종교는 불교를 믿어 곳곳에 절과 탑이 있습니다. 어떤 곳에는 승려가 3천명이나 되는 큰 절도 있고, 어떤 곳에는 승려도 없이 절과 탑만 있을 뿐 버려진 곳도 있습니다. 다섯 천축국은 옷, 말, 풍속이 서로 비슷합니다. 죄를 지은 사람은 벌금을 내게 하고, 죽이지 않습니다.

음식물은 쌀과 떡, 보릿가루, 버터, 우유 등을 먹으며, 간장은 없고, 소금이 있습니다. 흙으로 만든 냄비에 밥을 지어 먹습니다.

토번국(티벳)

토번국은 얼어붙은 산, 눈 덮인 산과 계곡 사이에 있는데 아주 춥습니다. 사람은 천막을 치고 살면서 물과 풀이 있는 곳을 찾아 옮겨 다니며 살아갑니다. 천막은 아주 큰 재산입니다.

토번국에서는 양, 말, 야크, 모포, 베 따위가 납니다. 옷차림은 털옷, 베옷, 가죽옷을 입습니다. 베옷과 털옷을 입기 때문에 머리와 옷에 이가 낳은 알인 서캐와 이가 대단히 많습니다. 이곳 사람은 이를 잡기만 하면 곧바로 입속에 넣고는 끝까지 버리지 않습니다.

집에서는 늘 보릿가루로 만든 음식을 먹고 떡과 밥을 적게 먹습니다. 얼굴색이 아주 까만 사람이 많고 흰 사람이 드뭅니다. 국왕과 백성은 모두 불교를 알지 못해 절도 승려도 없습니다.

파사국(이란)

다시 토화라에서 서쪽으로 한 달을 가면 파사국에 이릅니다. 이 나라 임금은 대식(아랍)국을 다스리기도 했지만, 지금은 도리어 대식국 임금이 파사국을 다스립니다.

옷차림은 예로부터 양털로 짠 웃옷을 입었고, 수염과 머리를 깎았습니다. 음식은 빵과 고기만 먹는데, 쌀도 있지만, 갈아서 빵을 만들어 먹습니다.

이 고장 사람은 먼 나라와 장사하는 것을 좋아해 배를 타고 사자국(스리랑카)에 가서 보물을 가져오고, 중국 광저우로 곧장 가서 비단이나 비단을 짤 수 있는 실 따위를 가져옵니다. 이 나라 사람은 싸움을 좋아하고 불교를 모릅니다.

탐구하기

1. 오 천축국 사람은 무엇으로 부자와 가난한 사람을 구별했나요?

2. 토번 사람이 즐겨 먹던 음식은 무엇이었나요?

외국에 있는 우리 문화재

▶ 혜초가 쓴 ≪왕 오 천축국전≫은 우리나라에 없습니다. 그 밖에도 많은 우리문화재가 외국에 있습니다. 외국에 있는 우리 문화재를 돌려받으려면 어떻게 해야 하는지 생각해 봅시다.

학교에서 돌아온 채린이는 얼른 컴퓨터부터 켰습니다. 모난돌 선생님으로 부터 기다리던 답장이 와서 채린이는 뛸 듯이 기뻤습니다. 학교에서 혜초에 대해 공부하다 ≪왕 오 천축국전≫이 프랑스에 있다는 것을 알게 되었습니다. 그밖에도 ≪조선왕실의궤≫는 일본 궁내청중앙도서관에, ≪직지심체요절≫은 파리국립도서관에 있었습니다. 세계문화유산이 될 정도로 중요한 책이 왜 외국에 있는지 궁금했습니다.

채린이에게

답사여행을 다녀오느라 답장이 늦었어. 미안해

우리 조상이 남긴 귀중한 유산이 외국에 있다는 것은 참 안타까운 일이지. 우리보다 그 가치를 먼저 안 사람이 외국인이라 조금 부끄럽기도 해.

1888년 우리나라에 처음으로 온 프랑스 외교관인 콜랭드 플랑시는 골동품을 좋아했어. 프랑스로 돌아갈 때 그동안 모은 700개 넘는 골동품을 가져갔어. 그 가운데에는 지금 남아있는 것 가운데 가장 오래 된 금속활자 책인 ≪직지심체요절≫도 있었지. 이 책을 콜랭드에게 넘긴 사람은 이 책이 얼마나 중요한 책인지 알았다면 팔았을까?

≪조선왕실의궤≫는 일제강점기인 1922년, 조선 총독부가 일본으로 가져갔어. 이 책은 왕실에서 있는 크고 작은 행사를 그림으로 그린 것인데, 아주 귀한 거야. 이 책이 우리나라에 알려진 때는 2001년이야. 그래서 일본과 국교를 맺고, 일제강점기 시절 가져간 문화재를 돌려받았을 때에도 이 책은 돌려받지 못했어. 일본은 '기증'이라고 우기고 있지만, 우리는 그렇게 생각하고 있지 않아. 우리나라가 힘이 없을 때 일본이 가져갔기 때문이지.

조상이 남긴 훌륭한 문화재를 보면 우리는 자부심을 가지게 되잖아. 관심이 없거나 그 가치를 알지 못해서 훌륭한 문화재가 외국으로 나가는 일이 없어야 하겠지. 채린이처럼 우리 문화에 대해서 잘 알고 아끼는 마음이 있다면, 이런 일이 되풀이 되지는 않을 거야.

1. 외국에 있는 우리 문화재를 다시 되찾기 위해서 어떤 노력을 해야 할까요?

35

바다를 다스린
장보고
(태어난 때 모름~846년, 신라 시대 장군)

🔊 역사 연대기
828년 장보고가 청해진을 설치함
846년 장보고가 죽임을 당함

🔊 학습목표
1. 장보고에 대해 알 수 있다.
2. 삼국 시대와 통일신라 시대 무역에 대해 알 수 있다.
3. 당나라에 있었던 신라방에 대해 알 수 있다.
4. 무역에 대해 생각할 수 있다.

해상왕 장보고

통일신라 시대에 남쪽 바닷가 작은 섬에 궁복이라는 소년이 살고 있었습니다. 어릴 때부터 활을 잘 쏘았고 무예가 뛰어났습니다.

어느 날 당나라에서 배가 들어왔습니다. 궁복과 친구인 정년은 배에서 내린 상인에게 달려가 당나라에 대해서 얘기 해달라고 졸랐습니다.

"당나라에서는 신분이 낮아도 부지런히 일하면 성공할 수 있단다. 학문이나 무예를 익혀 벼슬을 할 수도 있지."

궁복과 정년은 언젠가는 당나라로 가겠다는 꿈을 키웠습니다. 궁복이 살고 있는 곳은 원래 백제 땅인데 신라가 통일하는 바람에 신라 땅이 된 곳이었습니다. 하지만 신라는 귀족이나 왕족만이 높은 벼슬을 할 수 있었습니다. 일반 백성은 아무리 재주가 뛰어나도 벼슬조차 할 수 없었습니다.

"정년아, 난 반드시 당나라로 갈 거야. 신라는 아무리 재주가 뛰어나도 골품제도 때문에 벼슬을 할 수가 없어. 그러니 여기에 있어보았자 뱃사람 밖에 더 되겠니? 당나라로 가서 꼭 성공할 거야."

궁복은 틈만 나면 당나라로 갈 기회를 엿보았습니다. 드디어 궁복과 정년은 마을에 들어온 장삿배에 몰래 타고는 모진 고생 끝에 당나라에 도착했습니다. 궁복과 정년은 신라 사람이 하는 가게에서 허드렛일을 하며 살았습니다. 궁복과 정년은 날마다 무예를 열심히 익혔습니다.

어느 날 당나라에서 활쏘기와 말 위에서 창 솜씨를 겨루는 큰 무예대회가 열렸습니다. 여기에서 궁복이 일등을 했습니다. 당나라 군인이 된 궁복은 나가는 전쟁마다 언제나 이겼습니다. 반란을 진압해 공을 세우기도 했습니다. 궁복은 벼슬이 점점 높아져 무령군 소장이 되었습니다.

당나라 조정에서는 궁복에게 '장보고'라는 이름을 내려 주었습니다. 천한 신분이었기 때문에 성도 없이 그냥 궁복이라는 이름으로만 불렀는데, 장씨라고 성까지 붙은 이름을 가질 만큼 신분이 높아졌습니다.

그때 당나라는 바다에서 도둑질을 하는 해적이 아주 큰 골칫거리였습니다. 장보고는 당나라에서 장삿배가 다니는 길도 지켰

살아가는 인물 열어가는 역사

는데, 해적에게 잡혀온 사람을 구해주고, 다시 돌려보내주기도 했습니다. 그리고 장사하는 법도 익혔습니다.

바다로 나간 장보고는 해적과 싸울 때마다 모두 크게 이겼습니다. 이 때문에 장보고란 이름이 당나라뿐만 아니라 신라까지 널리 알려졌습니다.

그런데 바다를 지키다가 이상한 점을 발견했습니다. 신라 사람이 노예로 팔려오는 것을 본 것입니다. 전쟁에서 이긴 쪽이 전쟁터에서 사로잡은 사람을 데리고 와서 노예로 삼는 경우가 대부분인데 전쟁을 하지도 않는 신라 사람이 잡혀 오는 것이 이상했습니다. 알고 보니 해적에게 붙잡혀서 당나라로 팔려온 것이었습니다.

"우리나라에서 불쌍한 백성이 당나라로 자꾸 잡혀오고 있구나. 이를 막기 위해서 신라로 돌아가야겠다."

신라로 돌아온 장보고는 임금을 찾아가 자기 뜻을 밝혔습니다. 그러자 임금은 장보고에게 대사라는 벼슬을 내려주었습니다. 대사는 군사 만 명을 이끌 수 있는 벼슬입니다.

장보고는 완도에 청해진을 세우고, 군대를 모았습니다.

청해진은 당나라와 일본을 오고가는 길목에 있었기 때문에 신라가 무역하는 것을 잘 보살필 수 있었습니다. 장보고가 해적으로부터 바닷길을 지켜주자, 많은 장사꾼이 안심하고 다닐 수 있었습니다.

장보고는 청해진을 군사 기지 뿐만 아니라 무역중심지로 만들었습니다.

먼 바다도 쉽게 갈 수 있도록 배를 더 좋게 만들어 당나라와 일본을 오고 가는 무역을 했습니다. 당나라에서 좋은 물건을 들여와 일본에 팔고, 일본에서 들여온 물건은 당나라에 팔았습니다. 또 물건을 직접 만들기도 했습니다. 당나라에서 청자 기술을 배워 와 강진에서 만들었습니다. 차나무도 들여와 키웠습니다.

이렇게 만든 도자기와 차를 외국으로 수출했습니다. 그때부터 장보고를 '해상왕'이라 불렀습니다.

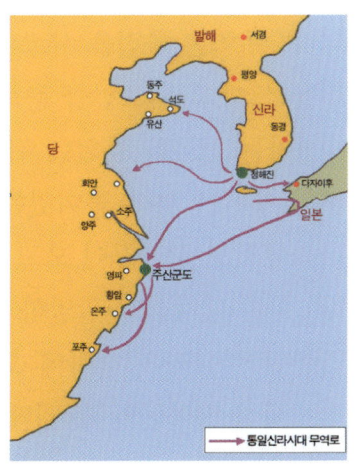

통일신라시대 무역로

1. 장보고를 '해상왕'이라 부른 까닭은 무엇인가요?

그때 사람은

삼국 시대와 통일신라 시대 무역

　삼국 시대에 고구려, 백제, 신라는 서로 무역을 했지만, 일본이나 중국 같이 둘레에 있는 여러 나라와도 활발하게 무역을 했습니다. 고구려는 오래전부터 중국에 있는 나라에 말, 황금, 백은, 각궁, 단궁, 천리마 같은 것들을 수출했고, 비단과 물소 같은 것을 들여왔습니다. 일본과도 무역을 했는데 철로 만든 방패와 철 과녁, 황금, 북 같은 악기 등을 수출하고, 일본에서 나는 황금, 수은, 부채 같은 물건을 수입했습니다. 싸게 사와서 다른 나라에 비싸게 팔기도 했습니다.

　또 흉노나 선비족, 거란족 같이 만리장성 북쪽에 있는 유목민 나라와도 활발하게 무역을 했습니다. 고구려는 말이나 가죽 등을 받고, 옷감이나 곡식을 팔았습니다. 또 나중에 거란 땅을 다스리면서 소금을 들여오기도 했습니다.

　중앙아시아에 자리 잡고 있는 우즈베키스탄에 있는 벽화에는 고구려 사신이 나오는데, 중국 땅 너머 멀리 서쪽에 있는 나라와도 무역했다는 것을 알 수 있습니다.

　백제를 세운 소서노와 비류와 온조는 외국으로 다니며 장사를 하는 사람이었습니다. 백제는 요서 땅에 담로를 설치해 다스리기도 하고, 중국 땅 서쪽지방을 다스리기도 했는데, 활발하게 무역을 하면서 힘을 키웠기 때문입니다. 또 일본과도 무역을 하면서 많은 문화를 전해 주었습니다. 아직기와 왕인 같은 사람이 발전된 백제문화를 전해주어서 발전시켜 준 것도 활발한 무역덕분입니다. 무역은 물건을 사고파는 것이지만, 새로운 물건을 팔면서 쓰는 법이 전해지게 되고, 그 물건을 쓰게 되면 그만큼 문화가 발전하기 때문입니다.

　신라는 삼국을 통일한 뒤 당나라와 활발하게 무역을 했습니다. 당나라가 점점 발전해 가자 수도인 장안은 옆에 붙어있는 나라는 물론이고, 멀리 아라비아나 페르시아를 비롯해 서역에 있는 나라에서도 장사꾼이 오고가는 큰 무역 도시가 되었습니다. 이런 당나라와 활발하게 무역을 하면서 신라는 당나라뿐만 아니라 당나라에 오고가는 여러 나라 문화도 자연스럽게 받아들일 수 있게 되었습니다.

　신라는 좋은 옷감이나 금, 은으로 만든 공예품들을 당나라에 내다 팔았고, 당나라에서 비단이나 책 같은 것을 들여왔습니다. 또 아라비아나 페르시아 사람과 무역도 했습니다. 이 나라에서 들여온 향료나 보석, 유리 같은 것은 신라에서 만들지 못하는 신기하고 귀한 물건이어서

살아가는 인물 열어가는 역사

신라 사람이 아주 좋아했습니다.

이렇게 신라와 당나라 사이에 무역이 활발해지자, 당나라에는 신라방이라는 무역기지가 생겼습니다. 신라에서 물건을 싣고 가서 신라방에 내려놓으면 당나라는 물론이고, 아라비아나 페르시아 같은 서역 나라에서도 상인이 몰려와 신라 물건을 사 가지고 갔습니다. 신라로 사 들여와야 하는 물건도 이곳으로 사 모아서 싣고 왔습니다.

신라방이 점점 커지자 더 많은 신라 사람이 일을 하게 되었고, 신라방을 중심으로 당나라에 사는 신라 사람이 모여들어 신라 마을이 되었습니다. 이런 신라방이 당나라에 23개나 있었습니다.

신라방 사람은 신라와 일본, 그리고 당나라를 오고가는 물건을 팔고 사며 살았습니다. 신라방에는 절도 생겼는데 신라원이라고 불렀습니다. 적산촌에는 장보고가 세운 법화원이라는 큰 절도 있었습니다. 법화원은 일본이나 신라 스님이 당나라로 올 때 꼭 들리는 곳이 될 만큼 유명한 절이었습니다. 우리나라가 신라에 의해서 통일은 되었지만, 마음을 하나로 모으지는 못했던 고구려, 백제, 신라 사람도 법화원에서 만나 마음을 열고 서로 도우며 지낼 수 있게 되었습니다.

당나라, 일본, 멀리 아라비아에서 들어온 수많은 무역품이 청해진을 통해 전해졌습니다. 이 덕분에 청해진은 활발한 무역도시로 발전했고, 신라 또한 부자 나라가 될 수 있었습니다. 이때 신라 서라벌은 당나라 장안, 페르시아에 있는 바그다드, 터키에 있는 콘스탄티노플과 더불어 세계에서 손꼽히는 큰 도시가 되었습니다.

청해진-전남 완도

탐구하기

1. 당나라에 있던 법화원은 어떤 역할을 했을까요?

요즘 사람은

나라끼리 하는 무역

▶ 오래전부터 여러 나라는 물건을 사고팔았습니다. 요즘에는 나라끼리 어떤 물건을 사고파는지 알아봅시다.

 옛날에도 외국과 물건을 사고팔았지만, 요즘은 더 많은 나라가 서로 물건을 사고팝니다. 그 까닭은 사람마다 잘하는 일이 다른 것처럼 나라마다 잘 하는 게 다르기 때문입니다. 어떤 나라는 날씨가 농사짓기에 좋아서 곡식이 많이 나고, 어떤 나라에서는 석유가 많이 나옵니다. 또 어떤 나라는 자원은 없지만, 기술이 발달해 물건을 잘 만들기도 합니다.

 나라마다 자기 나라에 없는 것이나 필요한 것을 사오려고 합니다. 또 자기 나라에서 잘 만들거나 많이 나오는 것을 팔려고 합니다. 이렇게 다른 나라와 물건이나 곡식 같은 것을 서로 사거나 파는 것을 무역이라 합니다. 필요한 것을 나라에 사서 들어오는 것을 수입이라 하고 다른 나라로 파는 것을 수출이라고 합니다. 무역을 할 때는 그 나라끼리 서로 손해를 보지 않고, 이익을 봐야 합니다. 그래서 서로 조건을 많이 내걸기도 합니다. 또 나라마다 다른 돈을 사용하기 때문에 돈을 서로 바꾸어 쓸 수 있는 기준을 만들어 놓습니다. 이것을 환율이라고 합니다.

 물건을 만들어서 파는 나라에서 그 물건을 만들 수 있는 재료가 없으면 그 재료를 수입해 오기도 합니다. 이런 것을 가공무역이라 합니다. 우리나라 같은 경우는 철로 된 제품을 잘 만들지만 철을 만들 수 있는 철광석은 다른 나라에서 수입해 옵니다.

 우리나라 자동차나 반도체, 휴대폰은 다른 나라에서 아주 인기가 좋습니다. 또 텔레비전이나 컴퓨터 같은 전자 제품도 많이 수출하는 상품입니다. 우리나라는 다른 나라에서 석유나 철 같은 재료를 많이 사옵니다.

 이익을 많이 남기거나, 다른 나라가 주는 압력 때문에 들어오지 말아야 하는 물건이 들어오기도 합니다. 유전자 조작이 되어 몸에 좋지 않은 옥수수나 깨끗하지 않은 농산물 같은 것입니다. 무역 때문에 나라가 피해보는 경우도 있습니다. 우리나라에서 만든 물건보다 더 싼 물건이 들어와 우리나라 기업이 더 이상 그 물건을 만들 수 없게 되는 경우도 생깁니다. 또 우리나라에서 가장 잘 만드는 김치를 중국에서 들여오기도 합니다.

 중국에서는 우리나라 휴대폰 이름을 몰래 따서 만든 불량품 때문에 우리나라 휴대폰 기업 이미지가 나빠진 경우도 있다고 합니다.

생각하기

1. 무역하는 나라끼리 서로 지켜야 할 예의는 어떤 것이 있을까요?

36

신분제에 가로막힌 천재,
최치원
(857년~죽은 때 모름, 신라 시대 학자)

🔊 역사 연대기

894년 최치원이 시무10조를 건의함
900년 견훤이 완산주에서 후백제를 세움
901년 궁예가 철원에서 후고구려를 세움

🔊 학습목표

1. 최치원이 당나라에서 한 일을 알 수 있다.
2. 최치원이 신라에서 한 일을 알 수 있다.
3. 신라 시대에 유학을 간 까닭을 알 수 있다.
4. 요즘 사람이 유학을 가는 까닭을 알 수 있다.

 인물 이야기

황소를 놀라게 한 최치원

　최치원은 세 살 때부터 스스로 글을 깨우쳐 읽을 정도로 신동이었습니다. 열두 살 때 당나라에 유학을 갔습니다. 당나라에 간 최치원은 머리카락을 천정에 줄로 묶고는 공부를 했습니다. 졸음이 와서 고개를 숙이게 되면 머리카락이 잡아 당겨지니까 아파서 잠을 깨려는 것이었습니다. 이렇게 열심히 공부해서 열여덟 살 때 당나라 과거시험인 빈공과에 합격했습니다. 빈공과는 당나라에 있는 외국인들끼리 겨루는 과거입니다.

　최치원이 당나라에 있는 동안 '황소'라는 사람이 농민을 이끌고 반란을 일으켰습니다. 당나라는 이 반란을 막지 못해서 쩔쩔 맸습니다. 최치원은 '토황소격문'이라는 글을 써서 황소를 꾸짖었습니다. 글이 얼마나 서릿발 같았는지 글을 본 황소가 너무 놀라 침상에서 떨어졌다고 합니다. 그 공을 인정받아 스물다섯 살 때 당나라 황제에게서 '자금어대'를 받았습니다. 자금어대는 금을 칠한 허리띠입니다.

　많은 글을 썼는데, 당나라 사람이 모두 감탄할 정도로 뛰어났습니다. 당나라 역사책인 ≪신당서≫에 뛰어난 외국인으로 기록될 정도였습니다.

　그러나 최치원은 항상 마음에 걸리는 것이 있었습니다. 그것은 신라가 점점 기운을 잃고 망해 간다는 것이었습니다. 그래서 당나라 황제에게,

　"신라가 어려우니 제가 돌아가서 도움이 되고자 합니다."
라고 말했습니다.

　당나라 황제는 매우 섭섭해 했지만 최치원은 결심을 굽히지 않았습니다.

살아가는 인물 열어가는 역사

　당나라로 떠난 지 16년 만인 스물여덟 살에 신라로 돌아왔습니다. 신라 임금은 최치원에게 높은 벼슬을 주고 싶었지만, 진골이 아니었기 때문에 낮은 벼슬을 줄 수밖에 없었습니다. 지방고을을 다스리는 '태수'자리를 주었습니다.

　최치원은 신라가 안고 있는 문제와 해결책을 정리해서 '시무 10조'를 진성여왕에게 올렸습니다. 진성여왕은 경주로 불러들여,

"신라를 바로잡는 데 힘써 주시오."

라며 6두품으로는 가장 높은 '아찬' 벼슬을 주었습니다.

　그러나 시무 10조가 귀족이 반대해 이루어지지 않자, 최치원은 벼슬을 버리고 떠돌아다니기 시작했습니다.

　경치 좋은 곳에서 시를 짓고, 글을 남겼습니다. 부산에 있는 해운대는 머무른 곳인데 최치원 호인 '해운'을 따서 해운대라는 이름을 붙인 것입니다. 최치원은 합천 가야산에 있는 해인사에 들어간 뒤에 어디로 갔는지 알 수 없다고 합니다.

　최치원은 일생동안 많은 글을 남겼습니다. 헌강왕에게 바쳤다는 ≪계원필경집≫을 비롯해 ≪동문선≫에도 많은 글이 남아있습니다.

1. 최치원이 임금에게 신라가 갖고 있는 문제점과 해결책을 정리해서 건의한 것은 무엇인가요?

그때 사람은

신라 때에도 유학을 갔어요.

고구려 소수림왕 때 세운 '태학'은 우리나라에서 가장 먼저 생긴 학교입니다. 나라에서 세운 국립대학이었는데, 귀족 청년만 들어갈 수 있었습니다. 장수왕 때는 지방마다 '경당'을 세웠는데, 마을에 있는 젊은이가 모여 무예와 학문을 배우는 곳이었습니다.

신라는 삼국통일을 한 뒤에 신문왕이 국립대학인 '국학'을 세웠습니다. 국학은 귀족 집 자식을 교육시키기 위해 만든 것이었습니다.

이때에는 당나라로 유학을 가는 사람이 많았습니다. 당나라는 다른 나라 문화를 열심히 받아들였기 때문에 당나라 수도인 장안은 아시아에서 가장 발달한 도시가 되었습니다. 신라사람은 신라보다 더 발전한 당나라에서 공부하기 위해 유학을 많이 갔습니다.

신라에서 당나라로 처음 유학생을 보낸 것은 선덕여왕 때였습니다. 능력이 뛰어난데도 신라에서는 골품제에 가로 막혀서 높은 벼슬에 오르지도 못하고, 자기 뜻을 제대로 펴지 못하는 6두품이 유학을 많이 떠났습니다. 당나라에는 자기 능력을 마음껏 펼칠 수 있는 기회가 많았기 때문입니다.

유학생은 나랏돈으로 가기도 했고, 자기 돈을 내고 가기도 했습니다. 나랏돈으로 유학을 간 학생은 스무 살 안팎 청년으로 책값은 신라에서, 잠잘 곳과 먹을거리는 당나라에서 대주었습니다. 이들은 당나라 국립대학인 국자감에서 10년 동안 공부했습니다.

살아가는 인물 열어가는 역사

하지만 최치원처럼 나이가 어리거나, 유학생 시험에 합격하지 못한 사람은 집에서 부모님이 보내주는 돈으로 책을 사고, 먹고 자며 공부했습니다. 자기 돈을 내고 공부하는 유학생은 개인이 만든 학교에 다녔기 때문에 많은 돈을 내야 했습니다.

당나라에 있는 외국인이 보는 과거시험을 '빈공과'라고 하는데, 신라 출신으로 처음 합격한 사람은 김운경이었습니다. 발해 사람도 당나라에 유학해 빈공과에 합격하기도 했습니다. 신라는 발해와 함께 빈공과에 합격하는 사람이 가장 많은 나라였습니다.

6두품 출신으로 당나라에 가서 성공해 유명해진 사람으로 최치원, 최승우와 최언위가 있습니다. 당나라에서 돌아온 최치원은 신라에 나라를 바로 세울 방법인 시무 10조를 올렸습니다. 최승우는 신라가 이미 기울었으니 새로운 나라를 세워야 한다고 생각해 후백제를 세운 견훤에게 가서 신하가 되었습니다. 최언위는 고려를 세운 왕건 신하가 되었고, 나중에는 높은 벼슬까지 했습니다.

신라에서 불교가 퍼지면서 부처님 가르침을 더 깊이 배우기 위해 당나라로 떠나는 스님도 많아졌습니다. 불교도 당나라에 들어와서 더 발전하고 있었기 때문입니다. 의상, 지장 같은 스님은 당나라에서 돌아와 불교를 널리 퍼뜨렸습니다.

고려 시대에도 과거에 합격한 뒤에 중국으로 유학가서 송나라 빈공과, 원나라 제과에 합격한 사람이 많았습니다. 공부를 마치고 돌아와 관리가 되기도 했습니다.

 **탐구하기** 1. 당나라에서 외국인이 보는 과거시험을 무엇이라고 하나요?

요즘 사람은

엄마 나도 유학 보내주세요.

▶ 신라 시대에 최치원을 비롯해 많은 사람이 당나라로 유학을 간 것처럼 요즘에도 외국으로 유학을 많이 갑니다. 유학에 대해서 생각해봅시다.

4학년인 선홍이는 학교에서 돌아오자마자 또 엄마를 조르기 시작했습니다. 오늘 재원이가 캐나다로 유학 간다며 자랑을 했기 때문입니다. 선홍이네 반에는 외국에 나가서 영어 공부를 하고 돌아온 친구가 몇 명 있는데, 유학간 것을 자랑하는 것이 부러웠습니다. 그래서 틈만 나면 엄마를 조르는 것입니다.

선홍이 꿈은 UN에서 일하는 것입니다. UN은 여러 나라 사람이 모여서 일을 하는 곳이므로 영어를 더 잘 해야 할 것 같았습니다.

요즘에는 방학때가 되면 외국에 나가 영어를 배우거나, 몇 년씩 외국에 나가서 영어를 배우는 사람이 점점 많아지고 있습니다. 짧은 시간에 영어를 집중해서 배우면 더 잘 할 수 있다고 생각하기 때문입니다.

몇 년 전부터는 중국으로 유학 가는 사람도 많아졌습니다. 세계에서 인구가 가장 많은 중국이 발전하고 있기 때문입니다.

외국어뿐만 아니라 자신이 하고 싶은 공부를 하러 유학을 가기도 합니다. 축구를 배우려고 브라질로 유학 가는 사람도 있고, 요리를 배우러 이탈리아나 프랑스로 유학을 가기도 합니다. 애니메이션을 공부하러 일본으로 유학을 가기도 합니다. 다른 나라 사람이 우리나라로 유학을 오기도 합니다. 이렇게 이제는 세계 여러 나라 사람이 섞여서 공부를 하고 있습니다.

생각하기

1. 많은 사람이 다른 나라로 공부를 하러 가는 까닭은 무엇인가요?

37

금강산에 들어간
마의태자
(나고 죽은 때 모름, 신라 56대 경순왕 때 태자)

🔊 역사 연대기
918년 왕건이 고려를 세움
935년 신라가 망함

🔊 학습목표
1. 마의태자에 대해 알 수 있다.
2. 신라 말기 시대 상황을 알 수 있다.
3. 신라가 멸망한 까닭을 알 수 있다.
4. 올바른 소비에 대해 생각 할 수 있다.

인물 이야기

금강산에 들어간 마의태자

　후백제를 세운 견훤이 신라로 쳐들어왔을 때 경애왕은 왕비와 후궁, 그리고 여러 신하와 함께 포석정에 있었습니다. 견훤은 경애왕이 자결하자, 김부를 왕위에 올렸습니다. 바로 경순왕입니다. 경순왕은 첫째 아들을 태자로 삼았습니다.

　태자는 생각이 깊은 사람이었습니다. 신라가 망해가는 것을 지켜 볼 수만은 없다고 생각했습니다.

　봄이 되자 태자는 궁궐을 나가 밖으로 돌아다니는 일이 많아졌습니다. 군사를 훈련시키기 위해 식량 모으는 일을 먼저 시작했습니다. 아무리 뜻이 좋아도 군사를 배불리 먹이지 못하면 제대로 훈련시키기가 어려웠기 때문입니다.

　나라를 지키기 위해 군사가 훈련을 받고 있다는 소문이 퍼지자, 많은 백성이 군사가 되겠다고 찾아왔습니다. 스스로 곡식을 가져오는 사람도 많아서 창고에는 곡식이 가득 쌓였습니다.

　태자는 군사를 직접 훈련시켰습니다.

　"신라를 사랑하는 너희가 있어 신라는 망하지 않을 것이다. 너희가 신라를 구하기 위해 이렇게 모였듯이 나 또한 너희와 끝까지 함께 할 것이다."

　태자 말에 군사는 가슴이 뭉클해졌습니다.

　그런데 견훤이 왕건에게 항복했다는 소식이 들려왔습니다. 경순왕도 왕건에게 항복하기로 결심했습니다. 경순왕은 신하와 태자를 불렀습니다.

포석정-경북 경주

　"이제 나라 힘이 약해져 더 이상 신라를 지킬 수가 없구나."

　경순왕이 그렇게 말하자 모두 고개를 끄덕였습니다. 왕건에게 항복해 목숨을 지키려고만 했습니다.

　그러나 태자는,

　"나라가 흥하고 망하는 것은 하늘에 달려 있습니다. 죽기를 각오하고 싸운다면 충분히 막아낼 수 있습니다. 그런데 천 년 동안 이어온 나라를 그냥 주어버린단 말입니까?"

반발했습니다. 그러나 경순왕은,
"이미 신라는 기울어졌다. 전쟁을 벌인다면 많은 백성이 목숨만 잃을 뿐이다."
태자 말을 듣지 않았습니다. 그리고는 왕건에게 항복하는 편지를 보냈습니다.
왕건은 항복해온 경순왕과 귀족을 잘 대접해 주었습니다. 하지만 태자는 통곡을 하면서 금강산으로 들어갔습니다. 그 곳에서 태자는 나라가 망했는데, 좋은 옷과 기름진 음식을 먹을 수 없다며 삼베옷을 입고 풀뿌리와 나무껍질만 먹었습니다. 그래서 삼베옷을 입은 태자라고 하여 '마의태자'라고 불렀습니다.
마의태자는 신라를 다시 일으키기 위해 군사를 모아 훈련시켰습니다. 신라가 다시 일어나지는 못했지만, 마의태자가 품었던 큰 뜻은 영원히 남아있습니다.

마의태자가 금강산으로 가면서 세운
미륵리사지-충북 충주

마의태자 지팡이가 자란
용문사 은행나무-경기 양평

탐구하기 1. 마의태자라고 이름 붙여진 까닭은 무엇인가요?

그때 사람은

사치로 멸망한 신라

　8세기 무렵에 신라 수도인 경주는 사람이 수십만 명이나 사는 큰 도시였습니다. 동로마제국에 있는 콘스탄티노플, 페르시아에 있는 바그다드, 그리고 당나라 수도인 장안과 함께 크게 발전한 도시였습니다.

　그리고 경주는 계획을 세워서 만든 도시였습니다. 집과 집 사이사이로 길이 반듯하게 나 있고, 골목마다 출입문이 있었습니다. 주소만 알면 집 찾기가 쉬웠습니다.

　기와로 지붕을 이어서 초가집이 없었습니다. 숯을 피워 방을 데우고 밥을 해 먹었습니다. 나무를 때면 연기가 나고 매캐한 냄새도 나지만 숯을 쓰면 연기나 냄새도 없고, 그을음도 생기지 않았습니다. 밥을 지을 때나 방을 데울 때 연기가 나지 않으니까 집이 다닥다닥 붙어있어도 연기나 냄새 때문에 불편하지 않고 편안하게 살 수 있었습니다.

　집집마다 물이 빠지는 하수도시설이 완벽하게 되어 있어서 집에서 물을 버리거나 비가 왔을 때 물이 고이지 않고 잘 빠져나갔습니다. 군데군데 우물도 있어서 편하게 쓸 수 있었습니다.

　마을이 바둑판 모양으로 반듯하게 정리되어 있었고, 사람이 다니는 길과 수레가 다니는 길이 나뉘어져 있어서 오고가기도 편리했습니다.

　경주는 이렇게 발전한 도시였지만 사치가 심했습니다. 귀족은 동남아시아, 아라비아 등에서

월지-경북 경주

108

살아가는 인물 열어가는 역사

들여온 물건으로 장식품을 만들고 많은 노비와 병사를 거느리며 큰 집에서 호화로운 생활을 했습니다. '금을 입힌 저택'이라는 뜻인 금입택도 여러 채 있었습니다.

 보다 못한 흥덕왕이 834년에 사치금지령을 내렸습니다. 목도리를 짤 때 캄보디아 등에 사는 비취새 털인 '비취모'를 사용할 수 없고, 머리빗과 모자에 타슈켄트에서 나는 푸른 보석인 '슬슬전'을 금지하며, 말안장에 자바에서 들여온 향기 나는 나무인 '자단'과 '침향'을 쓰지 못하게 했습니다. 또 수레에 까는 깔개로 페르시아에서 나는 양탄자인 '구수탑'과 금과 은으로 만든 그릇을 쓰지 못하게 했으며, 집에다 금을 칠하지 못하도록 했습니다. 그러나 이 법을 제대로 지키지 않았습니다.

 흥덕왕이 죽은 뒤에 귀족은 서로 왕이 되려고 싸웠습니다. 그 때문에 왕권이 약해졌습니다. 흉년으로 살기가 힘들어졌는데, 사치를 하느라 거두어가는 세금이 점점 더 많아지자 백성 불만이 점점 더 쌓여 갔습니다.

 지방을 다스리는 관리는 임금이 명령을 해도 따르지 않게 되었습니다. 진성여왕 때에는 원종과 애노가 난을 일으켰습니다. 891년에는 북원에서 양길이 난을 일으켰고, 다음 해에는 완산주에서 견훤이 일어났습니다.

 난이 일어나도 임금은 막을 힘도 없고 군대도 없었습니다. 이제 신라는 경주와 그 가까운 둘레만을 다스릴 수 있었고, 나머지 땅은 지방 호족이 자기 마음대로 다스리게 되었습니다. 신라는 점점 작아지고 지방 호족이 세운 나라는 점점 커졌습니다.

 결국 신라는 고려에 망하고 말았습니다. 이 때가 935년입니다.

 **탐구하기**

1. 신라가 망하게 된 까닭은 무엇인가요?

요즘 사람은

명품 좋아하는 어른

▶ 마의태자는 왕자인데도 삼베옷을 입었지만, 요즘 사람은 명품을 좋아합니다. 명품을 좋아하는 까닭은 무엇인지 생각해 봅시다.

백화점을 다녀온 나리 엄마가,

"나리야, 이 가방 예쁘지 않니? 어때 괜찮지?"

가방을 메고 거울 앞에서 호들갑을 떨었습니다. 나리가 보기에 별로 예쁜 가방이 아니었지만, 그냥 예쁘다고 말해 주었습니다. 엄마는 외출할 때마다 꼭 그 가방을 들고 나갔습니다.

얼마 뒤에 나리네 집에서는 한바탕 소동이 일어났습니다. 엄마와 아빠가 부부싸움을 한 것입니다. 카드대금이 너무 많이 나온 것을 본 아빠가 깜짝 놀라자, 엄마가 새로 산 가방 값 때문이라고 대답했습니다. 아빠는 무슨 가방이 자기 한 달 월급만큼이나 비싸냐고 따져 물었습니다. 엄마는 그 가방은 명품이라서 비싸다고 했습니다. 그리고 이것보다 훨씬 비싼 가방도 많다며 엄마 친구 대부분은 이 정도 가방을 다 가지고 다닌다고 했습니다.

값이 비싸고, 유명한 회사 제품을 명품이라고 하는데, 명품은 대부분 다른 나라에서 수입을 한 것입니다. 나리 엄마도 명품을 좋아합니다. 그래서 나리네 집에는 엄마가 사들인 명품이 여러 개 있습니다. 신발, 선글라스, 그릇 세트 등입니다.

나리 엄마는 손님이 오면 꽃무늬가 그려진 명품 찻잔에 커피를 담아 줍니다. 손님들은 찻잔이 명품이라며 부러워합니다. 나리가 보기에 그냥 꽃무늬가 그려진 찻잔일 뿐인데 금덩어리라도 되는 것처럼 호들갑을 떱니다.

생각하기

1. 어른들은 왜 명품을 좋아할까요?

38

누구나 평등한 나라를 세운

궁예

(태어난 때 모름~918년, 태봉국 임금)

🔊 역사 연대기

900년 견훤이 후백제를 세움
907년 당나라가 멸망함

🔊 학습목표

1. 궁예가 나라를 세운 과정을 알 수 있다.
2. 궁예가 나라를 다스린 방법을 알 수 있다.
3. 신라 말기에 어떻게 살았는지 알 수 있다.
4. 빚을 내서 돈을 쓰는 것에 대해 생각할 수 있다.

모두가 평등한 세상을 세우려고 한 궁예

궁예는 아버지가 신라 임금입니다. 음력으로 5월 5일 단오 날에 외가에서 태어났는데, 태어날 때부터 이가 나 있었다고 합니다. 점을 치는 사람이 궁예를 살려두면 나라에 해를 끼칠 것이라고 하자, 임금이 죽이려고 했습니다. 군사가 잡으러오자, 어머니가 궁예를 도망시키려고 난간 아래로 던졌습니다. 그 때 밑에서 받던 하인 손가락에 한쪽 눈이 찔려 애꾸가 되었습니다.

신라가 삼국을 통일하고 2백여 년이 지나면서부터 나라가 어지러워지기 시작했습니다. 귀족끼리 서로 임금이 되려고 다투느라 나라를 돌보지 않았기 때문입니다.

궁예는 세달사라는 절에서 스스로 중이 되어 수도를 하고 있었는데, 도를 닦아 백성을 이끄는 것으로는 세상을 바로 잡기 어렵다는 것을 깨달았습니다. 그래서 썩어빠진 신라를 무너뜨리고, 새 나라를 세워야겠다고 결심했습니다.

태봉국 도성터-강원 철원

궁예는 경기도 안성지방인 죽주에 자리 잡고 있는 기훤을 찾아갔습니다. 하지만 기훤이 혼란스러운 세상을 바로 잡고, 백성을 편안하게 해 줄 사람이 아니라 여겨, 강원도 원주 지방에 있는 양길을 찾아갔습니다.

원주에서 힘을 키워 강원도 영월을 거쳐 울진까지 내려가며 땅을 넓혔습니다. 그때 궁예는 이미 살아있는 미륵부처님으로 이름이 드높았습니다. 백성은 살아 있는 미륵부처를 보려고 궁예와 군사가 지나갈 때마다 길가에 나와 엎드렸습니다.

울진에서 다시 북쪽으로 방향을 바꾼 궁예는 지금 강릉 땅인 명주를 거쳐 철원으로 갔습니다. 철원에서 옛날 고구려를 이어받는 나라를 세우겠다고 했습니다.

그러자 둘레에 있는 백성과 귀족이 모여들었습니다. 송악 사람인 왕륭과 왕건도 찾아와 항복하면서, 넓고 백성이 많은 송악으로 가자고 했습니다. 송악에서 궁예는 나라를 세워 고려라고 했습니다. 고려는 장수왕 때부터 고구려가 썼던 나라이름입니다.

궁예는 군대를 더욱 강하게 만든 다음, 한강 둘레인 경기도와 강원도를 차지했습니다. 또 남쪽으로는 전라도 금성을 차지하고는 나주라고 부르게 했습니다.

"지방 귀족이 자기 마음대로 백성을 다스리고, 부자는 절에다 재산을 숨겨 두고 나라에 세금을 내지 않으니 임금이 나라를 제대로 다스릴 수 없는 것이오. 이 두 가지를 바로 잡으면 백성이 편안하게 살 수 있게 될 것이오."

궁예와 왕건이 맞서 싸운 반월성-경기 포천

궁예는 귀족이 지방을 맡아 다스리지 못하게 하고, 직접 백성을 다스리려고 했습니다.

신라는 골품제도가 있어서 신분이 높은 귀족만 벼슬을 할 수 있었지만, 궁예는 누구나 능력만 좋으면 관리로 뽑았습니다. 또 그 동안 귀족만을 위하던 불교를 없애고 백성 모두가 평등하게 믿을 수 있는 미륵사상을 널리 퍼뜨렸습니다.

궁예가 왕건에게 맞서 끝까지 저항했다는 명성산-경기 포천

신라 땅인 상주와 후백제 땅인 공주 쪽으로 땅이 넓어져 한반도에서 가장 큰 나라가 되자, 커진 나라에 어울리도록 나라 이름을 '마진'으로 바꾸었습니다. 나라가 점점 커지자 또 '태봉'으로 고쳤습니다.

백성은 궁예를 살아있는 미륵으로 우러러보고 받들었습니다. 하지만 귀족과 불교에서는 궁예를 반대하고 따르지 않았습니다. 왕건을 중심으로 반란을 일으켰습니다. 명성산에서 끝까지 왕건에게 맞서 싸웠지만, 결국에는 지고 말았습니다.

1. 궁예는 백성이 편히 살 수 있게 하려면 무엇을 바로 잡아야 한다고 생각하였나요?

 그때 사람은

열심히 일을 해도 먹고 살 수가 없다

잠자리에 들려고 하는데, 아버지랑 어머니가 소곤거리는 소리가 들렸습니다.

"도저히 안 되겠어. 가만히 앉아서 굶어죽을 수는 없지 않소?"

"그럼 우리도 뒷집처럼 떠나자는 거예요?"

"그럼 어떡하겠소. 집에 있어봤자 땅도 없고, 먹을 것도 없는데."

작년 가을까지 기동이네 가족은 하루에 세 끼를 다 먹었습니다. 비록 보리밥이었지만, 아침과 저녁은 밥을 먹고 점심때는 죽이라도 먹으면서 그런대로 살 수 있었습니다. 그 전에는 아침, 점심, 저녁 모두다 밥으로 먹었다고 하는데, 기동이는 점심에 보리죽을 먹은 기억밖에 없습니다. 그러나 겨울이 되면서 세 끼 가운데 두 끼는 죽을 먹었고, 한 끼만 겨우 밥을 먹었습니다. 시간이 더 지나가자 세 끼 모두 죽을 먹거나 죽도 세 끼를 다 먹을 수 없는 날이 많아졌습니다.

봄이 다가오자 하루에 한 끼도 못 먹는 날이 생기기 시작했습니다. 아버지 어머니는 물론이고, 기동이랑 동생까지 들로 나가서 먹을 수 있는 풀을 뜯었습니다. 산에 가서 칡뿌리도 캤습니다. 소나무 껍질도 벗겼습니다. 소나무 겉껍질을 벗겨내고, 속껍질을 꼭꼭 씹으면 아무것도 안 먹는 것보다는 나았기 때문입니다. 하지만 늘 배가 고팠습니다.

기동이 아버지 어머니가 게을러서 먹을 게 없는 것이 아닙니다. 지난 가을에도 논과 밭에서 수확을 제법 많이 했지만, 성주가 반 넘게 세금으로 걷어가고, 작년 봄에 빌려먹은 곡식을 갚는 데 썼기 때문입니다. 봄에 한 가마를 빌려서 먹으면 가을에 세 가마를 갚아야하니, 가을이 되어도 창고에 곡식이 쌓이지 않았습니다. 아무리 열심히 일해도 먹고 살 수 없게 되었습니다.

살아가는 인물 열어가는 역사

결국 다른 집처럼 부자에게 땅을 빼앗겼습니다. 흉년이니까 한 해만 늦춰 달라고 했지만, 사정을 봐주지 않았습니다. 땅을 빼앗기면 집을 떠나는 수밖에 없습니다. 산 아래 앵두나무 집이랑, 우물가 기연이네도 작년에 집을 떠났습니다.

아침이 되자 아버지는 솥 하나랑 이불을, 어머니랑 기동이는 옷가지와 그릇 몇 개를 보따리에 싸서 짊어지고는 집을 나섰습니다. 갈 곳도 정하지 않고 따뜻한 곳으로 무작정 길을 나섰습니다. 기동이네 식구도 요즘 들어 점점 많아지는 거지가 된 것입니다.

한참을 가는데 군사 수백 명이 지나가고, 그 뒤로 거지 수십 명이 따라 가고 있었습니다. 거지 떼 뒤에 따라오던 장군이 기동이네 식구에게 잘 살게 해줄 테니 따라오라고 했습니다. 뒤를 따라서 성으로 갔습니다. 성에는 사람이 많았습니다. 하지만 아무도 굶주리지 않았습니다. 군사를 따라 커다란 마당 쪽으로 가니 살아있는 미륵부처가 온다면서 모두 땅에 엎드렸습니다. 스님 옷을 입었는데 눈이 하나 밖에 없었습니다. 미륵부처가 지나가자, 이끌고 온 군사가 따라온 사람에게,

"잘 왔어요. 여기서 살면 굶어죽지는 않을 것입니다. 나라에서 백성을 돌봐 주지 않으니 살아있는 미륵이신 궁예 장군님이 여러분을 보살펴 줄 것입니다."

먹을 것을 주고는 살고 싶은 곳에 집을 지으라고 했습니다. 농사지을 땅도 나누어 준다고 했습니다. 땅이나 집은 나중에 돌려주거나 돈으로 갚지 않아도 된다고 했습니다. 그리고 열일곱 살이 넘는 사람 가운데서 군사가 되고 싶은 사람은 따라오라고 했습니다. 기동이도 군사가 되려고 따라 나섰습니다.

그 장군은 백성에게 무거운 세금을 거두고 땅을 빼앗는 성주나 부자 땅과 곡식을 빼앗아서 나누어주었습니다. 기동이네는 다시 옛날처럼 따뜻한 집에서 농사를 짓고 살 수 있게 되었습니다.

1. 기동이네 가족이 집을 떠나 거지가 된 까닭은 무엇인가요?

요즘 사람은

빚더미에 올라앉은 사람

▶ 옛날에는 먹고 살기 위해서 식량을 빌렸다가 갚지 못해서 땅도 빼앗기고, 거지가 되기도 했습니다. 요즘 사람 가운데에는 꼭 필요하지도 않은 일 때문에 빚을 지는 사람이 있습니다. 빚을 지는 것에 대해서 알아봅시다.

세운이네는 커다란 방이 네 개나 있는 아주 비싼 집에서 삽니다. 엄마, 아빠, 세운이 이렇게 세 식구니까 방 하나씩을 차지해도 하나가 남습니다. 그래서 방 두 개를 세운이가 씁니다. 그 가운데 하나는 공부방이고, 하나는 잠만 자는 방입니다. 엄마, 아빠도 방 하나만 쓰면 되니까 남는 방 하나에는 옷이랑 평소에 안 쓰는 물건을 넣어 두었습니다.

세운이네가 돈이 많아서 큰 집을 산 것은 아닙니다. 집을 살 때 절반이 넘게 은행에서 빚을 냈습니다. 작은집에서 살면 빚을 덜 지게 되지만, 큰 집에 살아야 남이 무시하지 않으니까 기죽지 않으려면 큰 집에서 사는 게 좋다고 합니다. 그래서 세운이 아빠는 월급을 받으면 빌린 돈과 이자를 갚느라 반 이상을 써야 합니다.

미경이네는 커다란 차를 타고 다닙니다. 미경이와 동생, 그리고 엄마, 아빠 이렇게 네 식구라서 작은 차로도 충분하지만, 아빠는 빚을 내서 큰 차를 샀습니다. 작은 차를 샀더라면 빚을 하나도 안 내도 되었지만, 이왕 사는 것이니까 큰 차를 사고 나머지는 다달이 할부로 갚으면 된다고 합니다. 큰 차를 타고 다녀야 남들이 무시하지 않으니까 기죽지 않으려면 큰 차를 타는 게 좋다고 합니다. 그래서 미경이네 아빠는 자동차 할부금을 내느라고 월급을 반이나 써버립니다.

정훈이네 엄마는 돈을 별로 잘 벌지 못하는데도 사고 싶은 것이 있으면 기어이 사고 맙니다. 돈이 없으면 신용카드로 삽니다. 당장 돈이 없어도 신용카드가 있으면 무엇이든지 살 수 있기 때문입니다. 돈이 없는데도 먹고 싶은 것이 있으면 나가서 사 먹고는 신용카드로 계산을 합니다. 그래서 월급을 받으면 카드 값을 갚느라 남는 돈이 별로 없습니다. 얼마 전에 회사를 안 다니게 되었을 때는 카드 값을 갚지 못해서 아주 혼이 났습니다. 그래도 돈이 없는 것처럼 보이면 남들이 무시하니까 기죽지 않으려면 돈을 많이 써야 한다고 말합니다.

생각하기

1. 사람들이 쉽게 빚을 지는 까닭은 무엇인가요?

39

후백제를 세운
견훤

(867년~936년, 후백제 임금)

🔊 역사 연대기

901년 궁예가 후고구려를 세움
918년 왕건이 고려를 세움
926년 발해가 멸망함
935년 신라가 멸망함

🔊 학습목표

1. 견훤에 대해 알 수 있다.
2. 후삼국이 시작된 까닭을 알 수 있다.
3. 가족 간 재산 싸움에 대해 생각해 볼 수 있다.

인물 이야기

후백제를 세운 견훤

견훤은 경상도 상주에 자리잡은 큰 세력인 아자개 아들이었습니다. 아자개는 원래 농민이었는데, 힘을 키워 장군이 되었습니다. 견훤은 어릴 때부터 몸집이 크고 힘이 셌습니다.

견훤은 스무 살에 경주로 가서 군인이 되었습니다. 금세 벼슬이 올라서 서쪽 남해안을 지키는 장수가 되었습니다. 서쪽 남해안으로 가서 해적을 잇달아 물리치고 해적 우두머리를 사로잡아 부하로 삼았습니다. 겨우 한 달 밖에 지나지 않았는데도 따르는 무리가 5천 명이나 되었습니다. 신라가 나라를 잘 다스리지 못하자 고통 받던 백성은 견훤이 해적을 무찌르고 잘 보살펴주자 좋아하게 되었습니다.

따르는 군사와 백성이 점점 많아지자, 완산주에 도읍을 정하고는 후백제를 세웠습니다.

"신라 귀족은 서로 임금이 되려고 싸우기만 하고 백성을 보살피지 않고 있으니, 내가 여기서 백제 왕국을 다시 되살리겠노라."

스스로를 후백제 임금이라고 불렀습니다.

견훤은 신라에게 빼앗겼던 옛날 백제 땅 대부분을 차지했습니다. 군사가 먹을 식량을 백성으로부터 거두지 않기 위해 군인이 직접 농사를 짓게 했습니다. 또 오월국, 후당, 거란, 일본에도 사신을 보내 좋은 관계를 맺었습니다.

왕권을 튼튼히 하기 위해 호족과 사이좋게 지냈고, 중요한 지역은 아들을 보내 직접 다스리도록 했습니다. 또한 6두품 출신으로 천재라고 부르던 최승우를 신하로 삼아 나라를 잘 다스렸습니다.

신라가 고려와 친하게 지내자, 두 나라 사이를 떼어 놓으려고 신라 경주로 쳐들어갔습니다. 그리고는 경애왕을 죽이고, 경순왕을 왕위에 앉혔습니다.

그러자 신라를 도와주기 위해 고려가 쳐들어왔습니다. 공산에서 고려 군대를 물리치고, 강주, 삼년산성, 오어곡성, 의성부 등에서 잇달아 승리

했습니다. 고려도 신라도 감히 후백제를 넘볼 수 없게 되었습니다.

하지만 나라 안에서는 큰 문제가 생겼습니다. 견훤은 아들이 열 명이 넘었습니다. 넷째아들인 금강을 무척 아껴서 다른 아들과 여러 신하가 반대하는 것을 무릅쓰고 왕위를 물려주었습니다.

"큰아들인 나를 두고 넷째가 왕이 되다니, 이대로 가만히 있을 수 없다."

금산사-전북 김제

큰아들인 신검은 견훤을 김제에 있는 금산사에 가두고 금강을 죽여 버렸습니다. 너무 화가 난 견훤은 금산사에서 도망쳤습니다. 어디로 가야 할지 고민하다가 어쩔 수 없이 고려로 갔습니다.

왕건은 견훤을 대부라 부르며 후하게 대접했습니다. 이 무렵 신라 경순왕도 고려에 항복했습니다. 이제 남은 것은 후백제 신검 밖에 없었습니다.

견훤은 왕건에게 자신이 직접 군대를 이끌고 후백제로 쳐들어가겠다고 했습니다. 앞장서 오는 견훤을 본 후백제 장군들은 감히 싸울 엄두를 내지 못했고 군사는 사기가 꺾이고 말았습니다. 대부분 싸움을 포기하고 항복해 버렸습니다. 전주까지 계속 쫓기던 신검은 결국은 항복했고, 후백제는 멸망하고 말았습니다.

견훤은 왕건이 신검을 잘 대접하자 화가 났습니다. 또한 자기가 세운 나라가 무너지는 것을 보며 마음이 괴로웠습니다. 결국 화병으로 시름시름 앓다가 등창이 나서 죽고 말았습니다.

1. 견훤이 도읍을 정한 곳은 어디인가요?

2. 견훤은 왜 고려로 갈 수 밖에 없었나요?

권력을 차지하기 위해 서로 다투어요.

신라가 어지러워지자, '망하리라. 천년 신라가 망하리라'는 노래가 퍼지고 있었습니다. 귀족은 왕이 되려고 서로 편을 갈라 싸웠습니다. 서로 죽고 죽이는 싸움이 자주 일어났습니다. 혜공왕 때부터 150년 동안 임금이 스무 번이나 바뀌었습니다. 왕위 다툼을 벌이느라 나라가 어떻게 되든 관심이 없었습니다.

혼란이 이어지자 나라를 우습게 여기게 되었고, 임금은 권위가 떨어졌습니다. 힘 있는 사람은 나라에 세금을 잘 내지 않게 되면서, 나라 살림은 더욱 어려워졌습니다.

게다가 흉년까지 들어서 백성은 굶주림에 시달렸습니다. 하루하루 먹고 살기도 힘든데, 관리는 세금을 내라고 백성을 괴롭혔습니다. 집을 지키고 있어도 세금만 뜯기게 되자, 집을 버리고 무작정 떠돌다가 거지가 되거나 도둑이 되었습니다.

굶주림을 견디다 못해 자식을 종으로 파는 사람도 있었고, 먹을 것을 구하기 위해 목숨을 걸고 당나라로 떠나거나 해적이 되기도 했습니다. 그러나 왕과 귀족은 사치스럽고 방탕한 생활만 했습니다.

참을 수 없는 백성이 곳곳에서 반란을 일으켰습니다. 원종과 애노가 일으킨 반란은 너무 크게 퍼져서 나라에서도 제대로 막아 낼 수 없었습니다.

살아가는 인물 열어가는 역사

　세상이 혼란스러워지자, 모든 백성이 불안해했습니다. 능력 있는 사람이 나와서 썩어 가는 나라를 바로 잡아 주기를 원했습니다. 이때 새로운 변화가 시작되고 있었습니다.

　지방에는 힘을 가진 사람이 많았습니다. 조상 때부터 대대로 그 지역에 살면서 든든하게 뿌리를 내리고 있는 지배 계급이었습니다. 많은 땅을 가진 부자였으며, 군대를 거느리고 있었습니다. 왕권 다툼에서 밀려나 지방으로 간 귀족도 있었지만, 대부분은 토박이었습니다. 바로 지방 호족입니다.

　신라는 골품제 때문에 높은 벼슬자리는 모두 진골 귀족이 차지하고 있었습니다. 능력이 있어도 벼슬에 오를 수 없었던 6두품은 많은 불만을 가지고 있었습니다. 최승우, 최언위 등이 대표 인물입니다. 신라에 등을 돌리며 호족 편에 섰습니다.

　지방 호족은 온 나라 곳곳에서 들고 일어선 농민과 힘을 합쳤습니다. 썩어가는 나라를 바로 잡고 새로운 세상을 만들고 싶었습니다. 이런 분위기 속에서 후삼국을 이끄는 영웅이 나타났습니다.

1. 귀족이 서로 싸웠던 까닭은 무엇인가요?

 요즘 사람은

재산을 차지하기 위해 서로 다투어요.

▶ 견훤 아들은 권력을 차지하려고 서로 다투었지만 요즘에는 재산을 서로 차지하려고 다투곤 합니다. 돈 때문에 서로 다투는 것에 대하여 생각해 봅시다.

아나운서 : 재산 때문에 부모 형제끼리 서로 싸우는 일이 많이 일어나고 있습니다. 심각해지고 있는 재산 싸움에 대해 알아보겠습니다. 현장에 나가 있는 박 기자를 불러보겠습니다.

박 기자 : 57세인 김모씨는 형 집 앞에서 일주일 넘게 버티고 서 있습니다. 고향 땅을 비롯한 재산을 나눠 달라고 합니다. 그럼 여기서 김모씨를 직접 만나보겠습니다.

김모씨 : 나는 하루하루 어렵게 살아가고 있는데, 형은 아주 잘 먹고 잘 살고 있습니다. 부모가 물려준 재산을 똑같이 나눠야 하지 않겠습니까?

박 기자 : 하지만 형은 자기가 부모를 모시고 살았고, 장남이니까 재산을 모두 가져야 한다며 동생을 만나주지도 않고 있습니다.

아나운서 : 또 다른 사건이 있습니다. 아버지가 물려준 땅 때문에 가족 사이에 큰 싸움이 벌어진 사건이 발생했습니다. 현장에 있는 정 기자를 불러 보겠습니다.

정 기자 : 몇 년 전 강모씨와 형제는 부모로부터 땅을 물려받았습니다. 그런데 동생이 물려받은 땅은 값이 많이 올랐으나, 강모씨 땅은 그대로였습니다. 동생이 자기보다 더 좋은 땅을 받은 것에 화가 난 강모씨는 평소에도 가족에게 불만이 많았다고 합니다. 그러다 지난 달 부터 아버지와 동생 집에 찾아가 돈을 내 놓으라며 행패를 부리고 있습니다. 그럼 형에게 시달림을 받고 있는 강모씨 동생을 직접 만나보겠습니다.

강모씨 동생 : 날마다 찾아와 괴롭혀서 마음 편히 살 수가 없습니다. 피를 나눈 형제가 아니라 원수 같다니까요.

아나운서 : 재산 때문에 부모 형제 사이에 싸움이 생기고, 원수처럼 지내는 것은 정말 안타까운 일입니다. 서로 양보하고, 대화를 통해 문제를 해결해야 할 것입니다. 돈을 얻으려다가 가장 소중한 가족을 잃게 되고, 나중에는 큰 후회를 하게 될 것입니다.

 생각하기

1. 가족 사이에 싸움이 생겼을 때 어떻게 해야 할까요?

40

고려를 세운
왕 건
(877년~943년, 고려를 세운 임금)

🔊 역사 연대기

918년 왕건이 고려를 세움
935년 신라 경순왕이 왕건에게 항복함
936년 왕건이 후백제를 멸망시키고 후삼국을 통일함

🔊 학습목표

1. 후삼국을 통일한 과정을 알 수 있다.
2. 왕건이 한 일을 알 수 있다.
3. 성씨와 본관을 알 수 있다.
4. 우리나라 성씨로 귀화한 성씨를 알 수 있다.

인물 이야기

후삼국을 통일한 왕건

　신라에서 중국으로 오고가며 무역을 하는 용건은 어느 날, 아름다운 여자를 만나 부부가 될 것을 약속하는 꿈을 꾸었습니다. 그런데 얼마 뒤에 송악산 영안성으로 가는 길에 꿈에서 본 여자를 만났습니다. 용건은 하늘이 정해준 인연이라 여기고 결혼을 했습니다. 꿈에서 본 사람이라는 뜻으로 몽부인이라고 부르다가, 나중에는 옛 '삼한'땅에서 임금이 된 왕건을 낳은 어머니라고 성을 '한씨'라고 불렀습니다.

　아버지인 작제건이 용건에게 부인과 살 집을 직접 지어 보라고 했습니다. 용건은 좋은 자리를 고르고 골라서 집터를 닦기 시작했습니다. 그때 '도선대사'라는 승려가 지나가다가 고개를 갸웃거리며 이리저리 살피더니, 매우 안타까워하며 용건에게 말했습니다.

　"집터를 북쪽으로 옮겨 지으면 세상을 구할 성인이 태어날 것입니다. 그리고 이 집에서 아들을 낳게 되거든 이름을 '세울 건'자로 지으십시오. 장차 큰 인물이 될 것이오. 그리고 당신도 이름을 '융성할 륭'으로 고쳐 부르십시오."

　도선대사는 아무에게도 그 말을 하지 말라고 신신당부를 하고는 길을 떠났습니다.

　용건은 자기 이름을 왕륭으로 바꾸었고, 도선대사가 말한 대로 집을 지은 다음, 태어난 아들 이름을 '왕건'이라 지었습니다. 왕건이 태어나던 날에는 신비한 빛과 자줏빛 기운이 방 안 가득 빛났고, 하루 종일 뜰에 서려 있었습니다.

　왕륭은 아들을 훌륭한 인물로 키우기 위해 열심히 글공부와 무예를 가르쳤습니다. 이런 가르침 속에서 왕건은 강하고도 부드러운 성품을 두루 가지고 모든 일에 조심스럽고 스스로를 낮추는 겸손을 지닌 인물로 자랐습니다.

　왕건이 열아홉 살 되던 해에 왕륭과 왕건은 더 큰 세력인 궁예 밑으로 들어가 부하가 되었습니다. 궁예는 왕건에게 송악 남쪽에 '발어참성'을 쌓게 했습니다.

왕건이 충주와 청주까지 정복하자, 궁예는 왕건을 더욱 믿고 아꼈습니다. 후백제 견훤과 싸울 때에는 해군 대장군이 되어 함대를 거느리고 전라도 지역으로 가서 나주를 정복했습니다. 그 뒤로도 많은 전투에서 승리했습니다. 궁예는 왕건을 가장 높은 관직인 시중에 앉혔습니다.

고려궁궐인 만월대 터-황해 개성

점점 왕건을 따르는 사람도 많아졌습니다. 궁예는 왕건이 왕위를 노린다고 의심하기 시작했고, 둘레 사람마저 믿지 않았습니다. 그러자 유금필, 신숭겸은 여러 호족과 힘을 합쳐 궁예를 몰아내고 왕건을 새로운 임금으로 받들어 모셨습니다.

왕건은 고구려가 장수왕 때부터 썼던 이름인 고려를 이어받는다는 뜻에서 나라 이름을 고려라고 했습니다. 그 뒤 항복해온 견훤을 받아들이고 신라 경순왕에게서 항복을 받아냈습니다. 얼마 뒤에는 견훤 장남인 신검을 물리치고 후삼국을 통일했습니다.

왕건은 나라를 안정시키려 노력했습니다. 평소에 곡식을 저장했다가 흉년이 들었을 때 풀어서 가난한 백성을 도왔습니다. 세금을 줄여주어 백성이 살기 편하게 했습니다. 후삼국을 통일할 때 도움을 준 호족이 반란을 일으키지 않도록 많은 호족 딸을 왕비로 맞아들였습니다.

옛 고구려 땅을 되찾기 위해 평안도 청천강에서 함경도 영흥까지 영토를 넓혔습니다. 그리고 죽기 직전에 박술희를 궁궐 안으로 불러 '훈요10조'를 전해 주었습니다. 훈요10조는 후손이 나라를 잘 다스릴 수 있게 하는 열 가지 올바른 가르침이 담긴 글입니다.

탐구하기 1. 왕건이 나라 이름을 '고려'라고 지은 까닭은 무엇인가요?

그때 사람은

왕건은 원래 성이 왕씨인가요?

왕건은 성이 왕씨였을까요? 처음에 왕건은 성이 없었고 이름이 그냥 '왕건'이었습니다. 고려를 세우고 왕이 되면서 이름 첫 글자인 '왕'을 성씨로 정하고 본관을 '개성'이라고 정했습니다. 그리고 많은 귀족에게 '개성 왕씨'를 성씨로 내렸습니다.

성은 어떻게 생겨났으며 본관은 또 무엇일까요?

성(姓)은 '여자(女, 계집 여)가 낳은(生, 날 생) 자녀'라는 뜻인데, 씨족사회에서 같은 어머니로부터 태어난 사람을 구별하기 위한 것입니다.

아주 옛날에는 성이 없었고, 태어난 곳이나 살고 있는 곳에 따라 신분이 높고 낮음이 정해졌습니다. 섬기는 동식물이나 자연물을 성으로 삼았는데, 김씨는 태양을 상징하는 황금을 성으로 삼아 쇠금(金)자를 성씨로 썼습니다. 박혁거세는 박처럼 둥근 알에서 나왔다고 해서 성을 박(朴)씨로 정했습니다. 잉어를 먹지 않는다는 윤(尹)씨는 빨래를 하던 할머니가 상자 속에서 아이를 발견했는데 겨드랑이에 잉어비늘이 있었고, '파평 윤씨' 시조가 되었습니다.

본관이란 그 성을 처음 만든 사람인 시조가 태어난 곳이나 대대로 살아온 고장을 가리키는 것입니다. 가족이 아닌데도 같은 성을 쓰게 되자, 자기 가족만 따로 구별하기 위해서 만들었습니다. 본관은 벼슬처럼 쓰이기도 했습니다.

성이 없던 많은 백성이 성씨를 널리 사용하기 시작한 때는 왕건이 고려를 세운 뒤부터입니다. 왕건이 고려를 세우고 신라에게 항복을 받았으나, 신라 귀족은 경주를 본관으로 쓰면서 왕건보다 더 높은 신분이라는 것을 내세우려 했습니다. 왕건은 신라 도읍인 경주보다 고려 도읍인 개성을 더 높여야만 나라를 바로 잡을 수 있다고 생각했습니다.

왕건은 스스로 '개성 왕씨'가 되었습니다. 또 반란을 일으킨 호족에게, 왕씨 성을 주어서 자기를 따르도록 했습니다. 명주군수 김순식도 반란을 일으켰으나, 왕건이 왕씨를 내려 왕순식으로 부르며 형제로 대접하자 비로소 왕건을 따랐습니다.

그리고 왕건은 나라를 잘 다스리기 위해 일반 백성과 천민도 호적을 만들고 성씨와 본관을 갖도록 했습니다. 성과 이름이 정리되면서 나라에서는 백성이 어디에 얼마나 살고 있는지 정확하게 알 수 있게 되었습니다. 그렇게 되자 백성에게서 세금을 거두어들이기도 쉬워지고 군대에 부르거나 일을 하러 나오라고 하기도 편하게 되었습니다.

조선 시대가 되자, 이름난 성과 본관은 높은 대접을 받고, 이름 없는 본관과 보기 드문 성씨는 낮은 대접을 받기도 했습니다.

1. 본관은 무엇인가요?

 요즘 사람은

새롭게 생겨나는 귀화성씨

▶ 옛날에도 성씨가 새로 만들어진 것처럼 요즘에도 새로 성씨가 만들어집니다. 옛날에는 신분을 나타내기 위해 성씨를 만들었지만 지금은 신분과는 상관없이 성씨를 만들기도 합니다. 요즘에 새롭게 생겨나는 성씨에 대해서 알아 봅시다.

학교에서 돌아온 예원이는 신발을 벗기가 무섭게 숨을 헐떡이며,
"엄마, 성이 '당'씨도 있어요? 수진이가 탁구선수 중에 '당예서'라는 이름이 있대요. 말도 안돼요. '당'씨 성은 없죠? 제 말이 맞죠?"
하고 물었다.
"네 말이 틀렸는데 어떡하나 중국에서 귀화한 탁구선수인데, 2008년 베이징 올림픽 탁구 단체전에서 동메달을 딴 사람이야."
"끝말잇기하면서 아이스크림내기 했는데. 아이, 속상해. 그런데 귀화가 뭐예요?"
"귀화는 자기가 속한 나라인 '국적'을 바꾸어 자기가 원하는 다른 나라 사람이 되는 것이야."
"네? 우리나라 사람도 다른 나라 사람이 될 수 있다는 거예요?"
라고 말하며 흥분하는 예원이에게 귀화해서 우리나라 사람이 된 인물도 많이 있고, 지금도 귀화하는 사람이 있어서 새로운 성씨가 생겨나기도 한다고 말해주었다.

고려 광종 때 우리나라에 처음으로 과거제도를 들여온 중국 출신 귀화인 '쌍기'도 있고, 여진족이었던 '퉁투란'은 고려 공민왕 때 부하을 이끌고 귀화해 '이지란'이라는 이름을 얻었다. 이지란은 이성계와 의형제가 되어 왜구를 물리치고 조선을 세우는 데에 큰 도움을 주었다. 또 임진왜란 때 일본군 장수 가운데 가장 앞장서서 조선을 공격하던 '사야가'는 조선에 귀화해 일본을 공격하는 데 큰 공을 세워 '김충선'이란 이름을 갖게 되었다.

미국인 변호사였던 '로버트 할리'는 한국인이 되어 '하일'이라는 이름으로 바꾸었고, 프로축구팀 골키퍼로 이름을 날린 '샤리체프'도 한국 사람인 '신의손'이 되었다.

이처럼 우리나라에 왔다가 국적을 버리고 우리나라 사람으로 귀화하는 사람은 본래 자기 이름과 비슷한 소리가 나는 성씨를 갖거나 새로운 성씨를 만들기도 했다. 그래서 성씨는 지금도 새롭게 생겨나고 있다.

 생각하기

1. 새롭거나 재미있다고 느낀 성씨를 써 보거나 만들어 보세요.

역사를 짚고 가요

9. 백제 멸망과 부흥운동

백제가 신라와 나제동맹을 맺고 한강하류 땅을 고구려로부터 되찾았으나, 신라에게 다시 빼앗겼다. 한강을 되찾기 위해 신라를 공격한 성왕이 관산성전투에서 전사하자 위덕왕, 혜왕, 법왕도 신라를 공격했다. 하지만 번번이 실패했다. 법왕을 이어 신라 진평왕 딸인 선화공주와 결혼한 서동이 왕위에 올라서 무왕이 되었다.

무왕은 신라와 백제 사이에 끊이지 않는 전쟁을 멈추려고 했으나, 귀족이 반대해 뜻을 이루지 못했다. 그러자 자기를 지지하는 사람이 있는 익산으로 천도를 시도했다. 미륵사를 세운 다음, 불교를 통해 왕권을 키웠다. 왕궁리에 궁궐도 세웠으나, 귀족 반대로 천도에 실패하고 말았다.

무왕을 이어 왕위에 오른 의자왕은 신라 대야성을 빼앗고, 김춘추 딸 부부를 죽였다. 40여 개나 되는 신라성을 빼앗았다. 경기도 화성에 있는 당항성을 빼앗아 신라와 당나라를 잇는 무역 길을 막아버렸다.

그러자 660년에 당나라와 손을 잡은 신라가 백제로 쳐들어왔다. 계백과 5천 결사대가 황산벌에서 김유신이 이끄는 신라군과 끝까지 싸웠으나, 패하고 말았다. 금강으로 들어온 당나라군과 신라군에게 사비성이 함락되자 의자왕도 웅진에서 항복했다.

당나라가 백제 땅을 지배하려고 하자, 백제 사람이 부흥운동을 일으켰다. 왕족인 복신과 승려인 도침, 임존성에 군사를 일으킨 흑치상지는 일본에서 돌아온 왕자 풍을 왕으로 삼아 사비성과 나당연합군을 공격했다.

하지만 지도층 사이에서 내분이 일어나고, 도우러 온 왜가 백강에서 나당연합군에게 패하면서 백제부흥운동도 실패하고 말았다.

10. 고구려 멸망

4백 년 동안이나 분열되어 있던 중국 땅을 하나로 합친 수나라는 고구려에 조공을 바치라고 했다. 수나라와 맞설 만큼 힘이 센 고구려는 단호하게 거절해버렸다. 수나라가 동북쪽으로 세력을 넓히려 하자, 영양왕이 먼저 요하강 서쪽지방을 공격했다.

수나라 문제가 군대 30만을 이끌고 쳐들어왔으나, 홍수와 풍랑을 만나 되돌아갔다. 뒤를 이어 왕위에 오른 양제가 612년에는 113만 명을 이끌고 쳐들어왔다.

요동성을 무너뜨리지 못하고 발이 묶이자, 별동대 35만 명을 만들어 평양으로 향했다. 고구려 장군 을지문덕은 하루에도 몇 차례씩 싸움을 걸어서 번번이 지는 척하며 평양성 30리 앞까지 끌어들였다. 그런 다음, 수나라 장수 우중문을 비웃는 '여수장우중문(與隋將于仲文, 수나라 장군 우중문에게)'이라는 시를 써서 보냈다.

지치게 하려는 작전이었다는 것을 깨달은 우중문은 후퇴명령을 내렸다. 도망치던 수나라군은 살수에서 거의 몰살당하고, 겨우 2천 7백여 명만 살아 돌아갔다. 이를 살수대첩이라고 한다. 수나라는 두 번 더 쳐들어왔으나, 모두 패하고 돌아갔다. 무리한 전쟁으로 수나라도 멸망하고 말

> 역사를 짚고 가요

았다.
 수나라를 이은 당나라도 힘이 강해지자, 고구려로 쳐들어왔다. 연개소문이 요하를 따라 천리장성을 쌓고 침략에 대비한 덕분에 당나라 태종이 쳐들어왔을 때 안시성에서 막아냈다.
 고구려를 칠 기회를 노리고 있는데 신라가 동맹을 맺자고 했다. 신라가 도운다면 고구려를 무너뜨릴 수 있을 것이라 여긴 당나라는 신라와 손을 잡았다. 660년에 백제를 무너뜨리고, 연개소문이 죽은 뒤 권력다툼에 빠진 고구려도 668년에 무너뜨렸다.

11. 발해 건국

 고구려가 멸망하고 난 뒤에 당나라는 고구려 사람을 요서지방에 있는 영주성으로 강제로 이주시켰다. 영주성을 다스리는 조문홰가 억누르자, 거란족인 이진충이 반란을 일으켰다. 혼란을 틈타 대조영이 고구려와 말갈 사람을 이끌고 동쪽으로 갔다.
 뒤쫓아 온 당나라군을 천문령 전투에서 물리치고는 길림성 동모산에 자리를 잡았다. 698년에 진국을 세웠다가 나중에 나라이름을 발해로 바꾸었다.
 대조영을 이은 무왕은 영토를 넓히고, 활발한 외교를 펼쳤다. 문왕은 수도를 상경으로 옮기고, 통치체제를 더욱 정비했다. 당나라에서 문화를 적극 받아들이면서 신라와도 교류했다. 무왕 때부터는 독자 연호를 사용했으며, 9세기 무렵인 선왕 때에는 영토와 국력이 가장 커졌고, 다른 나라들이 '해동성국'이라고 높여 불렀다.
 그러나 내분을 겪기 시작한 9세기말부터 국력이 약해졌고, 926년 거란에 멸망하고 말았다.

12. 찬란한 신라문화

 백제와 고구려를 합친 신라는 더욱 찬란하게 문화를 발전시켰다. 8세기 무렵에 서라벌 인구는 17만 호 정도였고, 공동우물과 하수도시설도 갖추었다. 인공 연못과 건물을 아름답게 세운 안월지를 만들고, 집을 금으로 칠한 금입택도 여러 곳에 만들었다. 숯으로 밥을 지어서 연기도 내지 않았다.
 당나라, 일본을 비롯하여 서역 상인도 신라에 드나들었다. 유리제품, 양탄자를 비롯한 공예품, 모직물, 동물, 식물까지 교역했다. 중국 산둥반도에는 신라 관청인 신라소, 무역 기지인 신라방, 여행객 숙소인 신라원을 세웠다.
 많은 승려가 당나라로 구법여행이나 유학을 다녀왔고, 불교문화도 더욱 발전했다. 당나라로 간 혜초는 인도를 여행하고 '왕오천축국전'이라는 여행기를 썼다. 원효와 의상 같은 많은 승려가 절을 세우고, 경전을 쉽게 풀었다. 김대성은 불국사와 석굴암을 세웠다. 동해바다에 용이 되어 나라를 지키겠다는 문무왕 무덤이 보이는 곳에 감은사를 세웠다. 경주 남산 곳곳에 절과 탑을 세우고, 바위에 불상도 새겼다. 성덕대왕을 기리기 위해 성덕대왕신종도 만들어 봉덕사에 걸었다.
 문학도 발전해서 '제망매가', '찬기파랑가', '모죽지랑가', '도솔가', '처용가' 같은 '향가'가 많이 만들어졌다. 진성여왕 때는 '삼대목'이라는 향가집을 만들기도 했다. 설총은 한자를 빌어서 쉽게 쓸 수 있는 글자인 이두를 만들었고, '화왕계'라는 소설을 썼다.

눈부시게 발전한 경주는 동로마 제국에 있던 콘스탄티노플과 당나라에 있던 장안, 그리고 페르시아에 있던 바그다드와 더불어 세계에서 손꼽히는 큰 도시가 되었다.

13. 청해진을 세운 장보고

신라가 왕위다툼을 시작한 9세기가 되자, 사회는 점점 혼란에 빠졌고, 백성은 더욱 살기가 힘들어졌다. 바다에는 해적이 들끓었다. 이때 당나라로 간 장보고는 군대에 들어가 공을 세웠고, 819년에는 군사 천여 명을 거느리는 무령군 소장이 되었다.

그런데 신라 사람이 당나라에 노예로 팔려오는 것을 보고 신라로 돌아왔다. 흥덕왕으로부터 군사 1만을 거느리는 '대사' 벼슬을 받고는 완도에 청해진을 세웠다.

신라 해안에 나타나는 해적을 소탕하고 무역 길을 다시 열었다. 당나라에 무역기지인 신라방 23개를 세웠고, 일본에도 여러 곳에 세웠다. 또 당나라에 살고 있는 신라 사람이 모여서 서로 도울 수 있도록 산둥반도에 있는 적산에 '법화원'이라는 절을 세웠다.

신라와 당나라와 일본, 그리고 발해와 인도와 아라비아를 연결하는 항로를 개척했고, 중계무역도 했다. 금속공예품인 구리거울을 비롯해 모직물, 향료, 염료, 가죽제품, 목재, 동물과 식물, 문방구 등을 싣고 다니며 사고팔았다. 또 전라남도 강진에서 도자기를 만들었고, 차나무를 들여와 재배해 다시 팔았다. 이를 통해 엄청난 부와 세력을 얻었다.

839년에는 군사 5천을 이끌고 경주로 가서 왕을 몰아낸 다음, 김우징을 신무왕으로 세웠다. 신무왕으로부터 '감의군사'라는 벼슬도 받았다. 딸을 태자비로 삼겠다고 약속했으나, 신무왕이 죽고 나서 왕위에 오른 문성왕은 약속을 지키지 않았다.

반란을 일으킬 것을 두려워한 문성왕이 841년에 염장을 보내서 장보고를 암살해버렸다. 청해진은 없어졌고, 해상무역도 무너지고 말았다.

14. 후삼국시대를 연 궁예, 견훤, 왕건

왕위 다툼에 빠져든 9세기에 신라는 사회가 아주 혼란스러워졌다. 신라는 신분이 낮으면 재주가 뛰어나도 높은 벼슬에 오를 수 없는 골품제도 때문에 많은 인재가 뜻을 펼치지 못했다. 최치원 같은 천재가 나라를 바로 잡는 방법을 임금에게 건의했으나, 벼슬이 낮은 사람이 한 말이라면서 받아들이지 않았다.

흥덕왕 때에는 임금이 사치를 금지하는 영을 내려야 할 만큼 귀족이 호화로운 생활을 했다. 부정부패도 무척 심했다. 백성은 땅과 집을 잃고 떠돌았고, 세금도 제대로 걷히지 않아서 나라살림도 어려워졌다.

역사를 짚고 가요

　진성여왕 때에 세금을 내라고 독촉하자, 신라에 등을 돌리고 스스로 세력을 만드는 지방 귀족이 생겨났다. 떠돌아다니는 백성을 모은 다음, 성주나 장군이라고 부르는 큰 세력이 되었다. 이를 '호족'이라고 한다.

　견훤은 상주에서 신라로부터 장군 벼슬을 받은 아자개 아들인데 서남해안을 지키는 군인이 되었다. 무진주(광주)를 점령하고는 900년에 완산주(전주)에서 후백제를 세웠다. 전라도, 충청도와 경상도 일부까지 차지하는 큰 나라가 되었다. 926년에는 경주로 쳐들어가서 포석정에 있던 경애왕을 자살하게 한 다음, 경순왕을 임금으로 세웠다. 927년 막내인 금강에게 왕위를 물려주려고 했으나, 큰아들인 신검이 반란을 일으켜 견훤을 금산사에 가두어 버렸다. 금산사를 탈출한 견훤은 고려 왕건에게 항복했고, 936년에 고려군을 이끌고 신검을 쳐서 후백제를 멸망시켰다.

　궁예는 버림받은 신라 왕자였다. 스스로를 미륵이라며 901년에 송악(개성)에서 고려(후고구려)를 세웠다. 점점 세력이 커지자, 나라이름을 '마진'으로 바꾸었고, 수도를 철원으로 옮겼다. 나라 이름을 다시 '태봉'으로 바꾸고 큰 나라로 발전시키려고 했으나, 918년에 왕건을 중심으로 한 여러 호족이 일으킨 반란으로 죽임을 당하고 말았다.

　왕건은 송악 태수인 왕륭 아들로 궁예가 세운 고려에 신하가 되어 금성(나주)을 점령하는 등 큰 공을 세워서 가장 높은 벼슬인 '시중'이 되었다. 궁예를 몰아낸 여러 호족이 임금으로 받들자 '고려'를 세우고 도읍을 다시 송악으로 옮겼다. 백성 마음을 자기편으로 돌리기 위해서 세금을 줄이고 누구나 승려가 되고 절을 세울 수 있게 했다. 또 왕씨 성을 만들어 호족에게 나누어 주는 사성 정책을 펼쳐서 나라를 안정시켰다.
　935년에 신라 경순왕으로부터 항복을 받고, 936년에 후백제를 멸망시켜 후삼국을 통일했다.

　그러나 경순왕 아들이자 신라 태자인 '김부'('김추'라고도 한다)는 나라가 흥하고 망하는 것은 하늘이 내리는 뜻인데도 싸워보지도 않고 고려에 넘겨줄 수는 없다면서 반대했다.
　경순왕이 고려에 항복을 해버리자 충주와 양평 등을 거쳐 세력을 모으면서 금강산으로 갔다. 금강산 자락인 인제에서 삼베옷을 입고 살면서 신라를 다시 일으키려고 했다. 김부가 신라를 다시 일으키지는 못했지만, 뜻을 꺾지 않고 평생 삼베옷(마의)만 입고 지냈다고 해서 '마의태자'라고 불렀다.